AF452409

P. V. DELAPORTE

Un Gentilhomme Chrétien

Le Cte L. ESPIVENT DE LA VILLESBOISNET

(1843-1901)

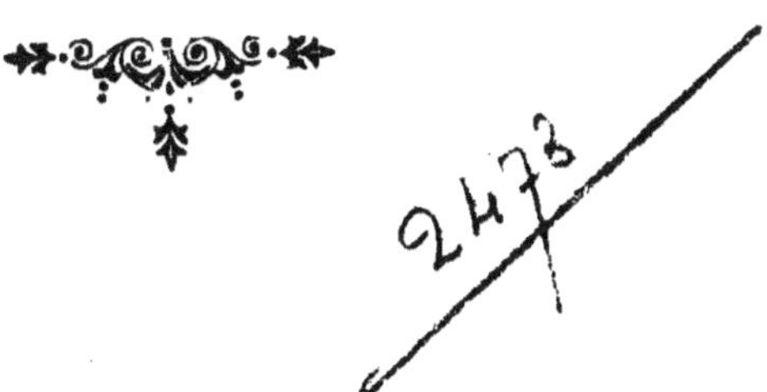

VANNES

Librairie Galles, rue de l'Hotel-de-Ville

1902

LE COMTE L. ESPIVENT DE LA VILLESBOISNET

LE COMTE LUDOVIC ESPIVENT DE LA VILLESBOISNET

(1848-1901)

P. V. DELAPORTE

Un Gentilhomme Chrétien

Le Cᵗᵉ L. ESPIVENT DE LA VILLESBOISNET

(1843-1901)

VANNES

LIBRAIRIE GALLES, RUE DE L'HOTEL-DE-VILLE

1902

ÉVÊCHÉ
de
VANNES

Vannes, *le 28 juin* 1902.

Cher Monsieur l'Abbé,

Je vous remercie de m'avoir envoyé la biographie écrite à la mémoire de notre si regretté M. le comte Ludovic Espivent de la Villesboisnet.

Vous faites revivre en de trop courtes pages le souvenir de cet homme de bien dont la vie a été tout entière remplie du double amour de l'Église et de la Patrie. Les prêtres du diocèse de Vannes seront particulièrement heureux de voir sauver de l'oubli la belle figure de celui qui se dévoua avec tant d'ardeur et une sollicitude de tous les instants à la cause des écoles libres. Les jeunes gens formés à Saint-François-Xavier et qui, disséminés dans la Bretagne et dans l'Ouest forment une pléiade de chrétiens convaincus, vous sauront gré d'avoir tracé de leur ancien camarade, plus tard le mandataire si actif du Conseil d'administration du Collège, un portrait des plus ressemblants.

J'ajoute que l'Évêque de Vannes vous est reconnaissant et vous remercie, à titre tout spécial, d'avoir consacré votre talent et les loisirs, hélas! trop nombreux auxquels vous condamnent vos infirmités, à raconter la vie du vaillant serviteur de Dieu, si dévoué à toutes les nobles causes, que fut le comte de la Villesboisnet.

Son exemple ne sera pas inutile, les leçons qu'il a données ne seront pas perdues. Dans les heures troublées que nous traversons, son souvenir évoqué par vous sera pour les jeunes un encouragement et un réconfort puissant, pour tous un modèle et, j'ose le dire, une lumière.

Veuillez agréer, cher Monsieur l'Abbé, l'assurance de mes sentiments dévoués.

† A. JEAN,
Évêque de Vannes.

AVANT-PROPOS

J'ai écrit ce livre dans l'exil; loin des maisons de prière, de travail et de paix, où j'ai eu la joie de rencontrer, l'honneur de connaître, le grand chrétien dont je raconte la vie; loin de ceux que j'appelais mes frères et qui tous étaient ses amis.

Vers le milieu du délicieux recueil des Chants populaires de Bretagne, *il est un poème qui a pour titre :* Le Prêtre exilé; *et qui fut composé pendant les jours sanglants d'il y a un siècle, par un recteur du diocèse de Vannes, banni de sa patrie pour n'avoir pas voulu prêter le serment sacrilège.*

« Oh! mon pays désolé, s'écrie-t-il, une troupe de traîtres
» sans foi ni loi t'a ébranlé et bouleversé; ils t'ont ravi toutes
» les joies du cœur; ils ont chassé évêques, moines et
» prêtres.
» Évêques, prêtres, moines, ont été chassés; les religieuses
» ont abandonné le pays; plus de messe, plus de sacrements;
» les ronces croissent dans nos églises. »

Et le prêtre-poète ajoute :

« Va, chant de tristesse, consolation de mon cœur; va et
» dis à mon peuple combien est grande ma douleur.

» Portez-le sur vos ailes, bons anges, et dites-leur bien que
» jour et nuit je pense à eux.
» Tourterelle, rossignol de nuit, quand revient le temps
» nouveau, vous allez chanter à la porte de mes enfants. Ah!
» que ne puis-je voler comme vous! » (1)

Je n'avais point à pleurer sur tant de ruines; mais le chant du Prêtre exilé *d'il y a cent ans était un écho fidèle de mes pensées; alors même que je n'avais point, comme lui, franchi la frontière de France.*

En ces tristes jours, la charité m'a ouvert un asile sur la terre chrétienne de Bretagne que M. de la Villesboisnet a grandement aimée; où il a lutté pour la gloire de Dieu, pour la liberté de l'Église, pour le salut de milliers de jeunes âmes; où il a voulu mourir « à son poste, sur la brèche. »

Là, durant ces longs mois d'isolement et de deuil, la vie et les œuvres de ce vaillant, de cet apôtre, ont été pour moi un « cher entretien »; le souvenir du bien qu'il a fait, une douce espérance.

Si, au cours du siècle qui vient de finir, des hommes « sans foi ni loi » se sont évertués à détruire le catholicisme, et par conséquent la France, quelle somme de talent, de patriotisme très pur, d'amour de Dieu et du prochain, de sainte énergie, d'autres ont dépensée à enrayer le mal, à réparer les désastres, à préparer l'avenir!

M. le comte de la Villesboisnet fut de ceux-là.

(1) *Barzaz-Breiz*, de M. de la Villemarqué; Ire partie. *Ar belek forbannet.*

Puisse l'histoire de sa noble vie lui susciter des imitateurs.

Je remercie tous ceux qui m'en ont fourni les éléments avec tant de complaisance; avec un empressement inspiré par le regret de l'ami que Dieu leur a sitôt repris et par le désir de le faire revivre en perpétuant sa généreuse mémoire. Ils ont vraiment payé une dette du cœur.

Je n'ai guère eu qu'à mettre ces documents en ordre et en œuvre.

Ce livre, de bonne foi et de reconnaissante affection, je le dédie à Mme la comtesse de la Villesboisnet et à ses fils.

Dieu veuille qu'il serve à consoler leur douleur, ou, tout au moins, à l'adoucir.

Rennes, Saint-Yves. En la fête de l'Ascension de Notre-Seigneur, 8 mai, 1902.

I

L'ENFANT ET L'ÉCOLIER

Un jour de novembre 1901, quand je commençais à recueillir les notes et souvenirs dont se composeront ces pages, je fus vivement frappé par la lecture d'un passage de l'Encyclique *Graves de communi*.

En cet alinéa, le Pape établit la nécessité, pour le salut, l'ordre, la paix, le bonheur du monde, d'une action bienfaisante et chrétienne des hautes classes envers le peuple. Cette action, cet apostolat d'exemple, de charité, de dévouement, qui tombent de haut, voilà, selon la doctrine de l'Encyclique, le besoin urgent de l'heure présente, l'espoir certain de l'avenir.

Jamais l'Eglise n'a encouragé, de près ni de loin, ce qu'on appelle la guerre des classes. L'Evangile a toujours été la loi d'union, la règle d'amour, qui veut, qui met, qui garde chacun à son rang ; mais qui rapproche les cœurs en courbant tous les fronts au pied de la même croix, en pliant tous les genoux autour du même autel. Il est absolument contraire à l'esprit de l'Evangile d'exciter la révolte, l'envie, la défiance du peuple à l'endroit des *classes dirigeantes*.

Et pour refaire l'entente cordiale entre tous les croyants, le Pape, au nom de l'Eglise, exhorte les grands à se pencher vers les humbles :

« C'est, dit Léon XIII, au concours bienveillant de ceux qui, par leur situation, leur fortune, leur culture intellectuelle et morale, jouissent d'une influence sociale plus grande, qu'il faut surtout faire appel.

» Si leur concours manque, à peine pourra-t-on réaliser quelque chose de vraiment efficace pour améliorer, comme on le voudrait, la vie du peuple. »

Le Pape, on le voit, fait large et prépondérante la part des nobles et des riches. Cet enseignement du reste n'est pas nouveau ; et l'influence sociale qu'il proclame, dont il demande l'indispensable concours, est chose d'expérience. Dans la société chrétienne, en France notamment, on l'a toujours compris de la sorte. Parmi les hommes de condition, de fortune et de culture supérieure, il s'en est rencontré chez nous, dans tous les siècles de notre histoire, qui ont pratiqué ce devoir de la seule vraie fraternité, dont la foi est le principe, dont la charité est la règle et la mesure. Ç'a été l'honneur de la France chrétienne d'avoir toujours donné l'exemple de cette condescendance admirable des grands pour les petits, de ce dévouement sans faste et sans bruit, qui va au peuple, par la pente du cœur, sous l'inspiration miséricordieuse et féconde de l'Evangile.

Ces vérités, qu'il est utile de rappeler en un temps où plusieurs les oublient, il était nécessaire, croyons-nous, de les mettre en évidence, au moment de raconter la vie et les œuvres du comte Ludovic Espivent de la Villesboisnet qui a passé en faisant le bien, qui a prodigué l'aumône de sa fortune, de ses conseils, de ses forces, de son zèle d'apôtre pour les petits, les enfants, toutes les saintes faiblesses; et dont l'éloge, ainsi que la biographie, pouvait tenir en ces trois mots : IL S'EST DÉVOUÉ.

La famille de son père était originaire de Bretagne, de vieille noblesse d'épée. Elle était connue, au diocèse de Saint-Brieuc, dès le commencement du XVe siècle; elle a donné un bon nombre d'officiers, dont un général de division, des chevaliers de Saint-Louis, un conseiller au Parlement de Bretagne (1).

Le grand-père de celui dont nous écrivons la vie, Pierre-Sébastien-Daniel Espivent, fut un des gentilshommes désignés pour accompagner le vaillant évêque de Dol, Mgr Urbain-René de Hercé, quand il fut nommé par les Etats de la Province, député en Cour, auprès de Louis XVI (2). Lui aussi se dévoua. Il avait accepté,

(1) Armes : d'azur à la molette d'éperon d'or accompagnée de trois croissants de même, 2 et 1.

(2) La dernière députation en Cour de Mgr de Hercé eut lieu en 1787-1788, époque où l'évêque de Dol et futur martyr, se déclara, avec autant de vigueur que de clairvoyance, contre l'admission des *non-catholiques* aux droits civils. On sait que, par malheur, le haut clergé et la noblesse de Bretagne ne se rendirent point aux États généraux de 1789.

(Cf. *Urbain de Hercé*, dernier évêque et comte de Dol, par Charles Robert, de l'Oratoire de Rennes, 1900).

pendant l'émigration, la charge périlleuse de courrier
à l'armée des princes. Il apportait les lettres des émigrés
en France, déguisé en marchand de chevaux; et il avait
réussi à déjouer toutes les recherches de la police répu-
blicaine, lorsqu'on arrêta son frère, Antoine-Henri, qui
fut enfermé dans les prisons de Nantes, comme otage.
A cette nouvelle, Pierre accourt en toute hâte et se
présente hardiment au féroce tribunal.

— « Citoyens, dit-il, au cas où un homme est retenu
comme otage pour son frère, si le coupable se livre lui-
même, l'otage sera-t-il rendu à la liberté?

— » Oui, fut-il répondu.

— » Hé bien, je suis Pierre Espivent de la Villesboisnet. Délivrez mon frère. »

Quelques instants après, il remplaçait Antoine-Henri
dans les cachots de lugubre mémoire. Par bonheur il
avait de l'argent; et l'on sait que les farouches pourvoyeurs des noyades ou de la guillotine n'étaient pas
insensibles à ce genre d'arguments. Pierre Espivent
acheta la complaisance d'un secrétaire qui glissa, au mi-
·lieu d'un dossier considérable, un ordre d'élargissement.
L'ordre fut signé et le prisonnier repartit pour la frontière.

Sa famille s'était réfugiée à Londres, où elle passa
les années sanglantes de la Révolution et de l'Empire.
Lorsque 1815 eut rendu à la France la royauté et la
paix, il acheta, pour être plus près de la cour de
Louis XVIII, le château de Marolles en Seine-et-Oise,

à dix lieues de Paris; il y mourut un peu avant les événements de 1830.

Arthur, son fils, était né à Londres en 1809. Il se présenta aux examens de Saint-Cyr et de Polytechnique, la même année, fut reçu aux deux écoles et choisit la seconde, d'où il sortit dans le génie. A vingt-huit ans, il était capitaine et fit la campagne d'Algérie, sous le gouvernement du général Drouet d'Erlon. A son retour, il épousa Mlle Marie-Françoise Petit de Leudeville et vint habiter chez ses beaux-parents. Le château de Leudeville est situé à une demi-lieue de Marolles; et, chaque jour, l'ancien officier, vrai modèle d'amour filial, y revenait passer une ou deux heures près de sa mère.

Mlle de Leudeville était petite-fille d'un grand homme de bien du pays, où il est encore connu sous le nom de *M. le Président*. Pendant la Révolution, « M. le Président eut le courage de rester à la tête de sa commune qui, plus d'une fois, se leva tout entière pour attester le patriotisme de son bienfaiteur et l'empêcher d'être mis sur la liste des proscrits. Arriva un moment cependant, où l'affection des habitants pour lui et sa famille ne put le protéger contre les délations des sans-culottes du district, qui le voyaient d'un mauvais œil échapper à leurs pièges. Son nom fut inscrit sur la liste fatale des *suspects;* et, sans la chute de Robespierre, la guillotine eût fait une victime de plus, sinon plusieurs (1). »

(1) *Notice sur M. l'abbé de Leudeville*, par M. l'abbé Blanchon, page 2.

M. et Mme Arthur Espivent de la Villesboisnet sont morts à Treulan, l'un en 1897, l'autre quatre mois plus tard en 1898; après soixante ans de l'union la plus heureuse et la plus chrétienne.

Ludovic naquit à Paris, le 14 avril 1843, au matin du Vendredi saint; il devait mourir un vendredi, au moment où l'église allait célébrer l'Exaltation de la Sainte-Croix. Sa vie s'est écoulée entre ces deux fêtes du Calvaire; et nous verrons qu'aux jours d'épreuve, la croix fut son appui, son refuge, sa lumière; une de ses devises favorites était, dans ces heures de combat : « Aux pieds de la Croix! »

L'enfant reçut au baptême pour protecteur et modèle le saint roi de France, qui fut le « bon sergent de Jésus-Christ. »

Nourri par sa mère, loin de Paris, dans l'excellent air des plaines de Leudeville, Ludovic se développa rapidement, au physique et au moral. Sa taille se dessina, de bonne heure, droite, ferme, élégante; son caractère se fit jour avec les premières clartés de l'intelligence. Aimable, empressé, complaisant à tout le monde, il se révéla, dès l'enfance, observateur délié, parfois même caustique; lançant à l'imprévu des maximes de philosophe, ou des sentences de juge.

Un soir d'hiver, il dînait assis à table, haut perché dans son petit fauteuil dont les bras l'enfermaient de tous côtés. Debout, derrière lui, veillait, attentive et sérieuse, White, sa bonne anglaise; quand, à propos de je ne sais quel oubli, elle hasarda une observation. Ludovic se retourna, digne, imperturbable :

— Toi, White, dit-il, tu ne seras jamais, ni une femme de tête, ni une femme d'esprit.

Son père, amusé de pareilles saillies, mais n'osant en rire, pour n'avoir pas l'air de les encourager, le reprenait doucement et l'appelait : « Monsieur *Epiloguo.* »

La bonne White, hâtons-nous de le dire, fut traitée jusqu'à la fin par le comte Ludovic de la Villesboisnet, comme un membre de la famille. En quittant Leudeville, il l'emmena à Treulan, où il l'entoura du respect dû à son âge, et des égards dus à ses longs services.

La gravité, les formes, l'étiquette d'ancien régime, régnaient à Leudeville; avec les usages d'une époque où l'on traitait les enfants avec affection sans doute, mais à la dure; on ne les gâtait point, on les élevait. « Leudeville, écrit un témoin bien renseigné, était encore la demeure austère des grands magistrats du temps jadis, qui jugeaient assis sur les fleurs de lys. Aucun ornement de fantaisie, pas un bibelot dans le salon; presque jamais un bonbon au dessert. Mais chez tous, maîtres et domestiques, et jusque dans les équipages, le train de vie solennel du siècle de Louis XIV. »

Les enfants se pénétraient eux-mêmes peu à peu de cette atmosphère. Par contre, il leur était permis de courir dans les champs à travers les blés en épis et dans les immenses prairies, où s'ébattaient presque tous les représentants de la création. Enfin, on leur octroyait la faveur d'assister aux émouvants spectacles et aux hécatombes des grandes chasses. La chasse était en effet la belle passion des châtelains de Leudeville ; mais on se souvient aujourd'hui encore de leur respect pour le dimanche; ces messieurs avaient, dans le pays, la réputation de ne jamais toucher un fusil ce jour-là. La loi de Dieu passait avant le plaisir.

Aussi bien, l'église et le presbytère semblaient faire partie du domaine de Leudeville; et les enfants étaient à bonne école pour apprendre à servir Dieu, pour se former aux devoirs de la vie chrétienne.

« Leur père, M. Arthur de la Villesboisnet, écrit le vénérable prêtre qui fut alors curé de Leudeville (1), était le plus parfait chrétien que j'aie connu parmi les hommes du monde. Il communiait tous les jours. L'ancien officier du génie s'était fait la providence de la petite paroisse ; d'où il rayonnait dans tout le canton d'Arpajon et au delà; suscitant, partout où il était possible, la création d'écoles chrétiennes sous la direction des Frères; écoles dont il dressait les plans qu'il faisait exécuter lui-même, pour épargner des frais aux généreuses familles dont il s'était assuré le concours. Il avait acquis en outre une remarquable habileté et une renommée universelle en médecine; il offrait — pour l'amour de Dieu, bien entendu — ses consultations et ses soins aux paysans des alentours; et comme il se dévouait éga-

____

(1) M. l'abbé Blanchon, curé-doyen de Marly-le-Roi.

lement au service spirituel de leur âme, il était l'auxiliaire du prêtre, l'apôtre de toute la contrée. »

Ludovic, comme nous le dirons, donna et se donna sans compter, au peuple; c'est qu'il avait vu, compris, retenu, ces admirables et paternelles leçons de choses.

Il en recevait en même temps d'autres fort intéressantes, doublement instructives, chez sa grand'mère; soit à Marolles, soit surtout à Paris, où, par sa distinction et sa bonne grâce, elle attirait dans ses salons les notabilités les plus en vue, les plus dignes d'être connues. Combien d'heures ses petits-enfants durent-ils passer, muets et immobiles, au salon de l'hôtel Saint-Germain-des-Prés; buvant les paroles, tantôt du Révérend docteur Brown, évêque de Menevia et Saint-David au pays de Galles; tantôt de Mgr Forcade, ou de quelque autre prélat missionnaire. Combien de fois, surtout après la révolution de février 1848, leur veillée se prolongeat-elle, silencieusement admirative, en compagnie de personnages qui s'appelaient La Moricière, le général Bedeau, l'amiral Cécille, parfois même, quoique plus rarement, le grand orateur Berryer.

Justement, on avait choisi pour leur enseigner quelques vagues notions de grammaire latine, un ancien capitaine de la garde impériale, du nom de Jean-Maire, qui avait trouvé ses invalides dans une fonction d'huissier de salle à la Chambre des Députés. Le jeudi, Jean-Maire emmenait ses petits élèves goûter chez lui au Palais-Bourbon. Il se risqua même un beau jour à leur faire franchir l'enceinte des séances législatives, où leurs yeux ébahis reconnurent Bedeau siégeant au fauteuil présidentiel, et La Moricière au banc des ministres.

La curiosité de Ludovic en fut éveillée. Mais il ne paraît pas qu'il ait été, dans la suite, secoué de violentes ambitions parlementaires, et tenté de prendre la succession, d'ailleurs écrasante, des grands hommes qu'il avait rencontrés là, quand il avait sept ou huit ans. Nous verrons plus loin que, s'il refusa le titre de législateur, c'est qu'il voulait et croyait, selon son expression, « faire plus de bien. »

Les goûts belliqueux lui vinrent plus vite que les aspirations vers les joûtes politiques du Palais-Bourbon. Elevé dans un manoir où les prouesses de chasse étaient en grand honneur, Ludovic ne pouvait demeurer insensible aux exploits qu'il voyait accomplir, ou qu'il entendait conter. Vers l'âge de neuf à dix ans, quand il attendait l'heure lointaine d'y prendre part, on alla au-devant de ses désirs. Mais, comme il eût été peu sage de l'autoriser à faire parler la poudre, on lui octroya une arme moins bruyante, plus en rapport avec ses forces, une arbalète. Le jeune Nemrod ne tarda pas à la manœuvrer, sans danger pour lui, mais non certes pour la gent ailée du voisinage. Sa patience d'abord, puis bientôt son adresse à étourdir, d'une balle de terre glaise, soit un moineau, soit même des oiseaux de plus noble envergure, émerveillaient les chasseurs habitués à d'autres conquêtes.

De cette arbalète, qui lui avait procuré tout ensemble plaisir, exercice et gibier, Ludovic de la Villesboisnet garda toujours la meilleure souvenance; et, devenu père de famille, il crut qu'il ferait le plus heureux cadeau du monde à ses fils et à son neveu, en leur offrant de belles et bonnes arbalètes sur le modèle de la sienne. Mais la nouvelle génération ne goûtait plus un genre de *sport* qui sentait trop le Moyen-Age; et les arbalètes furent dédaigneusement abandonnées à la rouille.

Mme de la Villesboisnet s'était elle-même chargée de la première éducation de Ludovic; s'appliquant avant tout à faire éclore, dans cette âme ouverte du côté du ciel, les germes d'une franche piété, dont tous les membres de la famille lui donnaient l'exemple. Quand approcha l'époque de la première communion, qui réclamait une formation plus énergique et plus complète, la séparation fut résolue; il fallut quitter l'Ile-de-France pour la Bretagne, Leudeville pour le collège Saint-François-Xavier de Vannes. C'était en octobre 1854. Le chemin de fer ne traversait pas encore les landes qui avoisinent le tranquille chef-lieu du Morbihan, où il ne devait aboutir que six ans plus tard. Ludovic fit le trajet de Nantes à Vannes, entre son père et son frère aîné, sur l'impériale d'une diligence; ou, comme parle l'historien du collège, d'une de ces grandes voitures jaunes qui roulaient avec des grincements formidables et qui réveillaient en sursaut les paisibles bourgades où l'on passait durant la nuit. L'enfant avait onze ans et demi ; il allait entrer en sixième.

Le collège Saint-François-Xavier, dont il devait être l'honneur, et, aux jours d'épreuves, pendant plus de vingt ans, le défenseur, était ouvert depuis la loi de liberté de 1850. Il était déjà en pleine prospérité ; dans ses murs tout neufs, d'une éclatante blancheur, se pressaient les fils des familles catholiques de toutes les provinces de l'Ouest. Le recteur était le R. P. Pillon, que ses anciens enfants ont surnommé « le Roi ; » ce collège breton fut son chef-d'œuvre, et sa royauté n'y a connu « ni ombre, ni déclin. » — « Après l'avoir fondé, il l'a construit, embelli, l'a doté de ses traditions et lui a imprimé une si puissante originalité, qu'aujourd'hui encore, après cinquante ans révolus, l'idéal, semble-t-il, n'est pas de faire mieux, mais de faire aussi bien qu'au temps du grand Recteur (1). »

Le préfet des études était, en 1854, le P. Edouard Marquet, auquel Saint-François-Xavier et sa délicieuse villa de Penboc'h doivent tant ; et qui, après les secousses de 1880, prit, à son tour, « le gouvernement de ce beau collège et y restaura la tradition des anciens jours. »

On verra comment ce fut l'ambition et la gloire de M. Ludovic de la Villesboisnet, d'affirmer ces mêmes traditions, en prêtant sa vigoureuse initiative, soit au

---

(1) *L'Éducation des Jésuites, autrefois et aujourd'hui.* Un collège breton, par Fernand Butel, docteur en droit, ancien substitut. Paris, Firmin-Didot, page 146.

R. P. Marquet, soit aux autres Recteurs de Saint-François-Xavier, pour maintenir sa physionomie, son esprit, ses usages d'autrefois, jusque dans le XXᵉ siècle.

La première nuit que le nouveau venu passa au collège fut signalée par une alerte qui mit tout le dortoir en émoi. Après une journée de fatigue et d'adieux, le petit peuple de la troisième division dormait à poings fermés, quand des cris déchirants se firent entendre. Un élève, dans les transes d'un cauchemar, appelait sa mère à son secours, et l'angoisse rendait ses plaintes de plus en plus navrantes. Le bruit et l'inquiétude agitaient les voisins. Le Père surveillant se lève et court à l'alcôve d'où partent les gémissements; il s'asseoit près de l'enfant réveillé lui aussi; le rassure et reste là, jusqu'à ce qu'enfin tranquillisé, le pauvre petit reprenne son sommeil péniblement interrompu. Celui qui avait eu tant de mal à dormir une première nuit loin de sa mère, était Ludovic de la Villesboisnet. Le Père surveillant qui, après un demi-siècle, n'a pas oublié cette nuit d'alarme, a gardé mémoire d'autres faits plus consolants; et nous invoquerons son paternel témoignage sur le cher écolier, dont il devina promptement la courageuse vertu. « Dès lors, écrit le P. Louis Le Guinio, il m'inspira une pleine et entière confiance; dès lors aussi, je lui vouai une affection qui a duré, de part et d'autre, toute la vie. »

Les deux ou trois semaines qui suivirent la rentrée, pesèrent à Ludovic accoutumé à la vie en plein air, et ne retrouvant point dans les vastes cours, récemment aplanies du collège, mais sur lesquelles ne flottait pas comme aujourd'hui la verdure des grands ormes, l'espace des pelouses et des champs de Leudeville où il prenait ses libres ébats. On s'en aperçoit aux notes, bonnes, mais hésitantes, du petit écolier, dont le travail dès le premier jour satisfait pleinement le professeur; et qui acquiert un peu moins vite l'intelligence du règlement des us et coutumes de sa nouvelle vie. A partir de novembre, il a conquis, avec les sympathies de ses maîtres et l'affection de ses camarades, un rang d'où on ne le verra plus déchoir; il a, de plus, inauguré cette série de *Très bien* sur toute la ligne, qui durera jusqu'à la fin de son séjour au collège. Aussi, à la distribution suivante — qui eut lieu, suivant l'usage de ce temps-là, le 16 août — bien qu'il ne fût qu'en sixième, maîtres et élèves lui décernèrent le premier prix de sagesse.

Cette année 1855 fut celle de la première communion de Ludovic; fête qui déjà était, comme on l'a appelée depuis, la plus belle des fêtes à Saint-François-Xavier. Il s'y prépara, avec une application qui lui mérita un prix de catéchisme; et avec la ferveur généreuse qu'il apporta toute sa vie à la réception du sacrement de l'autel. La communion fut toujours le secret et l'aliment de son zèle; et pratiquement, Ludovic de la Villesboisnet disait comme son condisciple Maurice du Bourg, l'un des héroïques soldats du Pape, tués au plateau d'Auvours :

« J'ai besoin de forces ; que deviendrais-je sans l'Eucharistie ? » (1).

La piété de Ludovic, lisons-nous dans les notes de son Père surveillant, était déjà sérieuse, réfléchie, pleine de la pensée de Dieu. Rien, pendant la prière, n'était capable de le distraire. Les bras croisés, sans mouvement, il priait à l'étude comme à l'église, avec un recueillement qui, de la part d'un enfant de douze ans, imposait le respect. Quant à son travail, il réalisait, le classique *labor improbus;* il était acharné. Dans l'élève de sixième on pouvait prévoir l'homme de ferme bon sens, d'esprit à la fois élevé et pratique; mais la mémoire était ingrate; il n'y logeait ses leçons journalières qu'avec des efforts inouïs. C'était plaisir de le voir, la tête encadrée de ses deux mains, lutter avec le texte français ou latin qu'il avait sous les yeux. Son intrépide ténacité s'affirmait avec son amour du devoir. Sa charité aussi. Selon la coutume des collèges de la Compagnie de Jésus, sa conduite et son caractère lui valurent les charges d'honneur et de confiance auprès de ses camarades; il fut, à tour de rôle, *portier, édile, questeur,* de la division des petits, « un idéal de division, » écrit le P. Le Guinio. Ludovic profitait de ses titres, pour rendre service à tout le monde; il s'occupait, en particulier, des *nouveaux,* qu'il ne manquait pas de prendre sous sa protection et auxquels il enseignait, avec une gravité qui déridait les

(1) Discours du R. P. Matignon, à l'inauguration d'un monument élevé à la mémoire des anciens élèves (1878), page 17.

maîtres eux-mêmes, l'art, bien difficile à cet âge-là, de marcher en rangs. Il les initiait en outre aux jeux de la division, les choisissait pour compagnons de promenade; en un mot, les façonnait, lui, la règle vivante, aux habitudes de la maison; et si, par hasard, quelque espiègle s'avisait de taquiner ses protégés, il les défendait, de la voix et du geste; ne cessant de veiller sur eux, qu'au moment où il les voyait aguerris et au courant de tout.

En vérité, l'homme se dévoilait dans l'écolier; il était ce qu'il se montra toute sa vie — *Qualis ab incœpto* — aimable, serviable, mais discret, réservé, et ne se livrant qu'à bon escient; prêt également à toute corvée, dès qu'on avait besoin de lui.

Il le prouva, dans une circonstance, qui est un événement pour un élève de 12 à 13 ans; et dont le souvenir nous a été conservé par un de ses camarades de classe. Ce fut à la *Concertation* de cinquième; séance et bataille de grammaire latine et française, qui s'achève par une déclamation divertissante. Parmi les rôles de la comédie finale, il s'en trouvait de brillants et de faciles qui appelaient en quelque sorte les applaudissements de l'auditoire. Pour les remplir, les acteurs ne manquèrent point. Mais il y en avait un autre, où il s'agissait de se métamorphoser en je ne sais quel docteur de foire; par conséquent, de faire rire le public à ses dépens. Pour ce rôle-là, point d'amateur; pas un ne s'y résignait. Ludovic comprit l'embarras du professeur; il accepta d'être le docteur dont on se moque; et joua son personnage avec une spirituelle dignité qui fit de lui le héros de la journée.

En 1856, à Saint-François-Xavier, pour la première fois, il y eut des vacances de Pâques. Les deux frères de la Villesboisnet arrivèrent à Leudeville, après avoir éprouvé, au sortir de la gare d'Orléans à Paris, une joyeuse surprise; ils avaient aperçu là le vénérable huit-ressorts de leur grand'mère, aligné près du coupé de Mme de Mérode qui était venue chercher son frère, Auguste d'Arenberg, élève comme eux au collège de Vannes.

Mais Ludovic avait grandi trop et trop vite pour son âge; cette croissance hâtive le fatiguait; le médecin de la famille constata un appauvrissement de forces dont il fut alarmé; il insista pour un changement immédiat de régime. Malgré son attachement pour le collège Saint-François-Xavier, Ludovic n'y rentra plus. Toutefois ce petit élève de sixième et de cinquième y avait laissé un tel souvenir parmi ses camarades, que pas un ne l'oublia; et que, lorsqu'il s'agit, en 1868, de fonder une Association amicale des Anciens, son nom fut aussitôt mis en avant avec le nom de son frère; et dès la première heure, il fut choisi comme trésorier.

A Leudeville, pour obéir aux prescriptions du médecin, il avait repris la fameuse arbalète; et les oiseaux du voisinage s'en aperçurent promptement. Puis, selon une pratique reçue chez les gentilshommes du XVIIIe siècle, il commença l'apprentissage d'un métier manuel; tout en continuant d'être chasseur, il se fit menuisier-tourneur. On lui installa dans les communs du château, un tour, dont bientôt il connut les secrets avec l'art des utiles chefs-d'œuvre. Déjà, quand il avait entrepris un ouvrage quelconque, il allait jusqu'au bout.

Nécessairement, les études classiques en souffrirent un peu; tandis que la santé gagnait au maniement du tour, de l'arbalète, puis du fusil. Toutefois Ludovic continuait de feuilleter ses auteurs; sous la direction du pieux abbé Léandre Jacquemard, clerc tonsuré, naguère élève du bon curé de Leudeville, dont le presbytère ressemblait à une succursale du séminaire de Versailles (1). L'abbé était, pour son élève, un ami plutôt qu'un professeur. Au surplus, Ludovic ne songeait alors que de très loin au baccalauréat; il ne s'en préoccupa guère, qu'à l'époque où il voulut affronter les examens de droit.

La vie de famille n'affaiblissait en rien les habitudes pieuses puisées au collège; loin de là : Ludovic fortifiait son âme dans la foi et dans les pratiques d'une vertu qui le fit comparer à saint Louis de Gonzague.

Il s'ensuivit, à quelque temps de là, une démarche que, selon toute apparence, bon nombre des meilleurs amis de M. de la Villesboisnet ont toujours ignorée. Il crut

(1) Ce curé s'appelait l'abbé Chapelain. M. Jacquemard ordonné prêtre, quitta Leudeville, fut nommé curé de Morangis et mourut tout jeune encore.

que Dieu l'appelait au sacerdoce, peut-être même à la vie religieuse. Sans hésiter, l'édifiant jeune homme partit pour le séminaire d'Issy ; il découvrit son projet et ouvrit son âme au supérieur, M. Maréchal ; en le priant de l'aider à connaître la volonté de Dieu sur son avenir. Il passa là une quinzaine de jours, s'étudiant lui-même, et répétant, à sa façon, la magnanime parole de saint Paul sur le chemin de Damas : *Domine, quid me vis facere?*

M. Maréchal examina le retraitant avec une paternelle bonté, mais avant tout avec une scrupuleuse attention. L'étonnement fut grand, pour les quelques personnes mises au courant de l'affaire quand, après les quinze jours de solitude, elles virent Ludovic rentrer à Leudeville et leur déclarer le verdict motivé du digne Sulpicien : « Je n'ai point la vocation. »

Dieu lui réservait un autre apostolat ; il ne serait point prêtre, mais il coopèrerait, avec une âme de prêtre, aux œuvres sacerdotales les plus méritantes.

Justifié dorénavant vis-à-vis de lui-même et de Dieu, il se livra, sans aucun reproche de conscience, aux deux belles passions de ses jeunes années, la chasse et la musique : d'une part, les beaux coups de fusil ; de l'autre, la tranquille culture du violoncelle et d'une jolie voix.

Ludovic ne négligeait toutefois ni son intelligence, ni les études littéraires ; ayant eu alors la bonne fortune de rencontrer le maître qui lui convenait, dans le nouveau pasteur de Leudeville. — « J'avais remarqué, raconte celui-ci, la piété et l'application au travail du jeune élève de M. l'abbé Jacquemard; auquel je fus chargé après lui, de donner des leçons chaque jour, pour l'achèvement de ses études. J'eus alors avec lui des rapports plus fréquents et plus intimes; et je pus apprécier mieux encore ses rares qualités, ses vertus éminentes. Il était l'édification de tout Leudeville. Il marchait d'ailleurs sur les traces de tous les membres de sa famille qui m'ont tant édifié pendant les vingt-trois années que j'ai passées dans cette chère petite paroisse (1). »

Parmi les membres de cette famille très chrétienne, il en était un qui se distinguait entre tous; et ce n'est point nous écarter de notre sujet, que de lui consacrer une demi-page de notre récit; d'autant que sa haute piété eut, sur l'âme de Ludovic, une influence pénétrante. C'était son oncle, M. Emmanuel de Leudeville, licencié en droit et artiste, dont les journées se partageaient « entre la prière, l'étude, le soin des pauvres et le travail manuel de menuiserie et d'ébénisterie; ce qui le disposa aux travaux d'art qu'il allait faire exécuter dans l'église de Leudeville, d'après ses plans et dessins. »

Après avoir restauré la maison de Dieu, il fit plus; il se consacra lui-même au service de l'autel. Vers l'époque où le Supérieur d'Issy répondait à Ludovic : « Vous n'avez pas la vocation, » M. Emmanuel de Leudeville songeait à la prêtrise. Il la reçut, à l'âge de 44 ans, des mains de Mgr Mabile, évêque de Versailles; il chanta

(1) Notes de M. l'abbé Blanchon, curé-doyen de Marly-le-Roi.

sa première messe, en la nuit de Noël 1864, dans la petite église qu'il avait si gracieusement embellie. Et depuis lors, pendant 30 ans, il employa tous ses soins à propager le culte de la Sainte Famille; culte, où sa foi vive lui montrait un remède providentiel pour guérir la société contemporaine, si égoïste, si indépendante, si divisée.

M. de Leudeville fit part de son projet au P. Olivaint, qui l'encouragea de tout son pouvoir; Pie IX l'approuva et le bénit. Aujourd'hui l'Archiconfrérie de l'*Union dans la Sainte Famille*, canoniquement érigée, compte des milliers de membres dans les deux mondes (1).

L'exemple de ce saint oncle était pour le neveu, si bien disposé, une prédication de tous les jours; personne n'en profita mieux que lui. Quelqu'un qui le connut à fond écrit que sa jeunesse avait eu quatre périodes tranchées; et que Ludovic admettait volontiers cette division ingénieuse : « 1° le dévot candide; 2° l'artiste; 3° l'étudiant modèle; 4° le bon soldat. »

Suivons à Paris l'étudiant modèle.

---

(1) Notice sur M. l'abbé de Leudeville, chanoine honoraire de Versailles, fondateur de l'archiconfrérie de l'Union dans la Sainte-Famille, par M. l'abbé Blanchon, 1895.

II

L'ÉTUDIANT

Ludovic de la Villesboisnet commença son droit en 1865; il avait 22 ans. Sa santé s'était complètement rétablie; sa haute taille, sa bonne mine, son attitude ferme, jointe à sa politesse avenante et joyeuse, réalisaient en vérité la devise qu'avait prise autrefois un étudiant en droit qui s'appelait Xavier de Ravignan : « Soyons distingués. »

Ce n'était point par goût, c'était sans enthousiasme et sans entraînement, qu'il entreprit l'étude du droit. — « Faire son droit, écrit un témoin fidèle de sa vie, ce fut un effort héroïque sur lui-même. Le P. Argand détermina cette conversion; il inventa l'étudiant; il découvrit l'homme d'œuvres. »

Le P. Gustave Argand était en ce moment directeur des jeunes gens à la rue des Postes; il était sur le point d'aller prendre au collège de Vaugirard la place de recteur, que le P. Olivaint laissait vacante. Grâce à cet échange, l'étudiant *inventé* et mis dans sa vraie voie par le P. Argand, fut ressaisi et poussé vers la perfection et l'action par le futur martyr de la rue Haxo.

Pour beaucoup de jeunes gens, pour un trop grand

nombre, faire son droit, c'est avant tout tuer le temps et, plus encore, se donner du bon temps; prendre des inscriptions pour avoir un titre; suivre vaguement des cours, pour perdre tout à l'aise le reste de la journée, voir et se faire voir, soit au salon soit au théâtre. Ce n'était pas ainsi que l'entendait le nouvel étudiant, qui résolut de faire son droit tout de bon, comme il faisait toutes choses. A qui lui aurait demandé de quoi lui servirait une connaissance approfondie des lois et du code, il n'aurait pu répondre encore d'une façon précise. Mais Dieu le préparait à être le jurisconsulte des écoles catholiques. Et il le fut, au point d'étonner les gens de loi et les fonctionnaires de l'Etat; voire même parfois de les embarrasser.

Un jour, en 1883, à la Préfecture de Quimper, il était venu réclamer la solution d'une affaire urgente. Je ne sais quel personnage du lieu l'accueillit, avec cette morgue qui ressemble peu à la bienveillance et qui est assez de mode, dans les froides régions de la bureaucratie. Très poliment, et en quelques phrases très nettes, son interlocuteur lui fit voir qu'un homme d'œuvres pouvait être un homme de loi, citer des articles du code comme un avocat, et en remontrer aux praticiens en fait de procédure. Il établit, sur raisons palpables, la légalité de sa réclamation. On assure même qu'il était assez content de sa petite sortie juridique dans la Préfecture de Quimper; quant au fonctionnaire, il l'était, selon toute vraisemblance, un peu moins.

Ce n'est là qu'un cas isolé, et choisi entre mille autres preuves de sa capacité juridique, dont nous verrons l'effet plus loin. En octobre 1868, Ludovic de la Villesboisnet fut reçu licencié en droit; le travail de sa thèse pour le doctorat fut interrompu par les approches de la guerre; Cujas et Dalloz durent céder la place au maniement du chassepot.

Quelles étaient les distractions de Ludovic étudiant, demandions-nous un jour à l'un de ses amis?

— « Aucune distraction mondaine, nous répondit-il; Ludovic aimait peu le monde, et n'y allait que par devoir. »

Avait-il, comme Garcia Moreno étudiant à Paris, fait un pacte avec lui-même, pour ne jamais mettre les pieds dans un théâtre? Je ne saurais l'affirmer. Toujours est-il qu'il cherchait d'un autre côté ses divertissements ; et qu'il fréquentait ailleurs; par exemple, à la Conférence Fénelon où, faute d'un mobilier plus sortable, son large cartonnier servait de tribune; puis, au delà du Panthéon, sur les hauteurs de la Montagne Sainte-Geneviève, à la Congrégation des jeunes gens de la rue des Postes, où le collège Saint-François-Xavier de Vannes comptait des représentants qui lui faisaient déjà grand honneur.

Nous avons nommé l'un des Pères directeurs; avec le P. Argand, il convient de rappeler les PP. A. de Gabriac et Alexis Clerc l'ancien lieutenant de vaisseau, dont l'un des congréganistes que nous citons ici, parle en ces termes : « le bien aimé P. Alexis Clerc, le plus sym-

pathique des martyrs de la Commune; » et dont, M. de
la Villesboisnet a formulé cet éloge en trois lignes :
« Le P. Alexis Clerc, dont la douce physionomie, le cœur
aimant, la haute intelligence, le profond savoir et la
simplicité d'enfant savaient si bien se faire tout à
tous (1). »

En février 1866, Ludovic assista, pour la première
fois, à une fête des congréganistes des Postes. Après la
messe, le R. P. Pillon, alors recteur de l'Ecole et qui, pour
les anciens de Vannes, était toujours « le Roi, » leur
offrit un déjeûner, à la fois *royal* et frugal : — « Un
déjeûner presque monastique, mon Révérend Père, » —
lui dit gaiement le préfet de la Congrégation, Michel
Cornudet.

Peu après, la réunion des jeunes gens descendit de la
Montagne Sainte-Geneviève, jusqu'à la rue de Sèvres,
où elle trouvait un siège beaucoup plus central et un
directeur hors ligne. C'est là que Ludovic de la Villesboisnet le connut, l'aima, et devint, comme on l'a publi-
quement défini, « le fils de prédilection » du P. Olivaint (2); là qu'il prit, au contact de ce soldat de Jésus-
Christ, cette ardeur humble et fière qui, un soir, vingt
ans plus tard, lui faisait dire, dans son parc de Treulan,
à un prêtre de ses amis : « Le P. Olivaint a été le père

---

(1) *Pierre Olivaint* de la Compagnie de Jésus, 25ᵉ anniversaire, page 19
(Conférence de M. L. Espivent de la Villesboisnet).

(2) 25ᵉ anniversaire, etc. Discours de M. Édouard Lefébure, page 33.

de mon âme; je suis le disciple d'un martyr; et son souvenir est devenu la règle de ma vie (1). »

La Congrégation de la rue de Sèvres commença d'être,
à cette époque, pour une légion de jeunes chrétiens,
l'école de la foi, de la pureté vaillante, du zèle, et pour
plusieurs, de l'héroïsme. Le futur martyr les empoignait
dès l'abord; faisait bientôt vibrer en eux toutes les
saintes et viriles énergies par ses causeries de feu où « la
voix, la main, tout en lui frémissait; » et dont on sent
encore l'émotion, aimante ou indignée, dans le recueil
de ses *Conseils aux jeunes gens.* Jamais il ne fut plus
persuasif, plus pénétrant, que dans ces causeries. « Nulle
part peut-être, dit son biographe, le P. Olivaint n'a fait
une plus heureuse application de ce genre d'éloquence,
que dans les allocutions adressées aux jeunes gens qui,
dès son arrivée à la rue de Sèvres, s'étaient groupés avec
un pieux empressement autour de lui (2). »

Mais aussi, personne n'a mieux analysé cette éloquence
du cœur, que son « fils de prédilection, » Ludovic de la
Villesboisnet lui-même. Au mois de mai 1896, vingt-cinq
ans après le drame de la rue Haxo, la réunion des jeunes
gens de la rue de Sèvres célébra le sanglant et glorieux
anniversaire de son fondateur. M. de la Villesboisnet
fut invité par le P. Directeur, à y prendre la parole, au
nom des anciens congréganistes du P. Olivaint; et voici

(1) Dans un entretien avec M. l'abbé Buléon, alors professeur à Sainte-
Anne.

(2) Sa *Vie*, par le P. Charles Clair, chapitre XV.

comme il s'en expliquait, ou s'en excusait, avec autant
d'esprit que de modestie : « Il y a peu de jours, votre
excellent Directeur me conviait à la fête qui nous réunit
ce soir. A la manière de Henri IV, qui ne doutait de rien,
son digne compatriote, le P. de Salinis, prétendait transformer, en ma personne, un rural en panégyriste. Pour
mieux parvenir à ses fins, il mettait en jeu deux grandes
forces : l'amitié et l'amour filial. »

Cet honneur lui revenait pour une autre raison encore.
Ludovic de la Villesboisnet fut préfet de la Congrégation, le dernier que le P. Olivaint choisit et nomma,
en 1869; et qui, après la guerre, fut maintenu dans cette
charge jusqu'en 1872. Quant à son « amour filial »
pour celui qu'il appelait « l'incomparable Directeur de
notre Congrégation, » il se donna libre carrière dans
cette conférence, que nous voudrions pouvoir transcrire
d'un bout à l'autre. Nous en détacherons seulement trois
ou quatre pages, qui appartiennent davantage à l'histoire, et qui nous révèlent, tel qu'il se révéla lui-même
dans l'intimité avec ses chers jeunes gens, cet apôtre au
grand cœur, massacré par des scélérats ennemis de Dieu
et de la France.

Apôtre des jeunes gens, le P. Olivaint l'était en toute
occasion, fût-ce même pendant une promenade en chemin de fer; témoin ce fait raconté par M. de la Villesboisnet :

« Au retour d'un de nos pèlerinages (qui avait été
décoré du nom de l'*Hardi pèlerinage*, parce qu'il avait

eu pour but l'église paroissiale de Lardy), un de nos amis, assis en wagon, en face du P. Olivaint qui disait son bréviaire, développait depuis quelques instants la thèse qu'il faut tout voir, tout entendre, tout lire, tout connaître. Notre vigilant Directeur sans écouter avait tout entendu. Au moment où le danger pouvait naître pour les auditeurs, le P. Olivaint interrompt son bréviaire et lançant sur notre ami, plus inconsidéré que méchant, un de ces regards à la fois si pénétrants et si remplis de bienveillance, il l'arrête d'un mot : « Que dites-vous là, mon ami? » Puis sur le ton de la conversation la plus aimable, il lui démontre toute la fausseté de sa thèse, faisant ainsi tourner au bien de tous ce qui menaçait de devenir un mal pour plusieurs. »

Sur les causeries du P. Olivaint, dont on a composé le volume *Conseils aux jeunes gens*, voici le jugement « filial » porté par son ancien préfet de Congrégation de 1869 :

« ... Dans ses instructions, chacun trouvait quelque chose qui lui était spécial. Que de fois dans l'épanchement de l'amitié, au sortir de nos réunions de chapelle, deux jeunes gens se disaient l'un à l'autre : « En réalité, mon cher, il semblerait que le Père ait voulu faire mon portrait. » — « Tu te trompes, mon ami, c'est le mien qu'il a fidèlement esquissé. » Ces deux jeunes gens avaient pourtant des caractères bien différents et la peinture de l'un ne semblait guère convenir à l'autre.

» Que ne puis-je vous répéter tout ce qu'il nous disait

avec tant de charme et d'autorité ! Du moins, l'écho nous en est parvenu, grâce à son historien que je ne nommerai pas, car il est ici (1), mais que mes contemporains et moi, nous ne saurions trop remercier de nous avoir conservé, sous le titre de *Conseils du P. Olivaint aux jeunes gens*, le résumé des exhortations qui nous faisaient tant de bien quand nous avions vingt ans.

» Rien n'était omis dans les allocutions que notre saint Directeur nous adressait tous les quinze jours. Tous nos besoins étaient soigneusement passés en revue, depuis les petits détails insignifiants en apparence et cependant si importants, du lever matinal et à heure fixe, jusqu'aux graves questions du choix de la carrière, du caractère, de la vérité, de la foi, du travail, des fausses maximes, des tentations, du dévouement, du zèle, de l'esprit de corps, de la vie du cœur et de bien d'autres.

» Quelle sainte horreur il s'efforçait de nous inspirer pour ce qu'il appelait si justement le péché de la jeunesse ! Nous montrant ses ravages, nous prémunissant contre ses séductions et nous affirmant avec sa longue expérience des âmes que, bien loin de rencontrer le bonheur qu'il cherchait, le libertin n'a jamais trouvé que la honte, le remords, l'accablement, la dégradation. « Je vous défie, nous disait-il, de trouver un péché qui doive exciter en vous plus de haine, d'horreur, d'indignation, de courage... A l'œuvre donc contre lui et de grand cœur ; n'oubliant jamais que le grand remède, c'est le

(1) Le P. Charles Clair.

sang de Jésus-Christ, qui seul peut purifier, calmer, vivifier le vôtre et auquel, par la sainteté de votre vie, vous devez rendre témoignage. »

» Pour prémunir ses jeunes gens contre les fausses maximes du monde, le P. Olivaint faisait appel à toutes les ressources de son intelligence. — *Il faut tout connaître.* « Mais quelle est la cause du malheur de ceux qui succombent?... curiosité, imprudence, illusion! ils ont voulu tout connaître, et bientôt pris de vertige, ils ont été entraînés dans l'abîme. Avez-vous donc une autre nature qu'eux? » — *Il faut faire comme tout le monde.* « C'est-à-dire, non comme ceux qui font bien, mais comme ceux qui font mal. Admettriez-vous cette maxime, s'il s'agissait d'improbité, d'indélicatesse?... Alors pourquoi l'admettre lorsque la vertu, la pureté du cœur est en jeu? » — *Il faut que jeunesse se passe.* « Mais c'est la charte d'affranchissement des passions; c'est le désordre érigé en principe. En voilà bien assez pour faire mépriser cette immorale et grossière maxime. Il y a plus, elle est injurieuse pour la jeunesse qui est le temps des nobles passions, des généreux efforts; elle est fausse, car une fois la jeunesse passée, le désordre devrait cesser et souvent il demeure; elle est calomnieuse pour Dieu et pour la Vierge sainte, dont les sacrements et la protection ont préservé tant de jeunes gens. »

» A ces fausses maximes, le P. Olivaint opposait de sages conseils qui devaient être les règles de notre vie : — *Ayez le courage de vos opinions;* c'est-à-dire de la vérité; évitez les violences; évitez les bassesses; pas de zèle inconsidéré, pas de lâcheté; montrez-vous partout et toujours ce que vous êtes, catholiques agissants et fils soumis de l'Eglise. — *Soyez des hommes de caractère;* et pour cela, « ayez l'esprit de foi, la soumission en matière de foi, la vie selon la foi, domptez vos passions;... ayez toujours la loi de Dieu devant les yeux. » Ni la révolte, ni la violence ne sont les signes du caractère. « Le caractère, c'est *une volonté vraie*, une volonté forte et suivie, allant au but avec patience et courage, malgré les épreuves, les dangers, les artifices, les passions; c'est la possession de soi-même dans la volonté de Dieu, sans défaillance, sans découragement, avec énergie et constance, pour agir ou souffrir, pour entreprendre et résister quels que soient les obstacles. » — *Aimez le travail.* « Ni la fortune, ni le rang ne sauraient dispenser du travail qui seul peut faire acquérir cette valeur personnelle d'où l'influence dépend. Indispensable à ceux qui ont une carrière à conquérir, le travail est nécessaire à tout le monde. Dans la jeunesse, il calme les passions et prépare l'avenir; dans l'âge mûr, il fortifie; dans la vieillesse, il console. Avec Dieu pour point d'appui, la volonté, le travail pour levier, que de grandes choses deviennent possibles! Il n'en faut pas davantage pour que le monde soit changé! » — *Ayez du zèle.* Pourquoi? Pour le salut des âmes, parce que, de toutes les œuvres divines, il n'en est point de plus divine. Vous n'êtes pas prêtres, direz-vous peut-être; c'est vrai, mais vous êtes chrétiens, membres d'une œuvre, vous avez donc un sacerdoce à exercer. — *Sachez vous dévouer.* « Vous le devez à votre famille, à votre nom, à votre éducation; vous le devez aux grâces que Dieu vous prodigue, à la Providence qui manifeste ses desseins sur vous, à votre foi, à votre honneur. A l'œuvre donc! Mais que faire?... Vous avez à conquérir des âmes, à détruire des préjugés, à relever des courages, en faisant rayonner dans votre sphère votre exemple et votre influence. En avant donc et au premier rang ! »

Dans cette conférence à la gloire de son maître, discours plein d'élan et d'émotion, vivant écho de ceux qu'il avait entendus jadis, le disciple très aimé a saisi exactement la physionomie de l'orateur des jeunes gens; il y démontre, avec non moins de bonheur que de vérité, comment cette éloquence venait tout droit du cœur, seul conseiller du P. Olivaint dans l'art de bien dire :

« Comme le cœur de notre excellent Directeur était largement ouvert! Comme tous ceux dont le soin lui avait été départi par la divine Providence s'y trouvaient à l'aise! Aussi bon, aussi indulgent pour les autres que sévère et exigeant pour lui-même, il savait encourager toujours et ne briser jamais. Inspirant à tous la confiance qui est le grand besoin de l'homme, il aimait à répéter : *Courage et confiance; là où est la confiance, là est l'esprit de Dieu.*

» Quelle douce et bienveillante affabilité dans l'accueil des nouveaux venus, auxquels il s'efforçait de créer, dès leur arrivée à Paris, de saintes amitiés, véritables anges gardiens de leur innocence. Toujours à la recherche de ceux qui avaient le plus besoin de lui, comme il savait se trouver à propos sur le passage de ceux qui auraient voulu l'éviter. — « Cher ami, je vous emmène, » disait-il, avec un accent tellement irrésistible que celui qui le fuyait, saisi par le bras et plus encore par le cœur, ne songeait à opposer aucune résistance et suivait le bon Père à sa chambre, pour lui faire l'humble aveu de ses faiblesses et se relever absous et fortifié.

» Attentif à tout ce qui intéressait ses chers jeunes gens, sachant partager leurs joies et s'associer à leurs tristesses, constamment préoccupé de leur bien, toujours à leur entière disposition, il semblait que son cœur ne battît que pour eux. Ses vétérans... sont là pour l'attester...

» A l'art de bien dire, le P. Olivaint joignait un merveilleux esprit d'à propos. Avec quel tact et quelle grâce il savait répondre aux toasts, qui n'étaient pas sans me causer quelque effroi lorsque j'étais préfet. Sachant tout ramener à Dieu, notre saint Directeur profitait d'un mot, dit par celui qui avait parlé avant lui, pour nous faire encore du bien en nous charmant. Notre interprète avait-il été heureux, le P. Olivaint soulignait ses paroles ; avait-il été incomplet ou malheureux, le P. Olivaint comblait les lacunes et réparait les erreurs, avec une délicatesse tellement exquise que la susceptibilité la plus chatouilleuse n'en pouvait prendre ombrage.

» Dans une circonstance qui est toujours demeurée dans ma mémoire, ayant à répondre à un orateur qui avait fait fausse route, le P. Olivaint trouva le moyen de retourner si habilement ce qu'il venait d'entendre que, sans froisser celui-ci, il lui fit dire l'opposé de ce qu'il avait avancé. Tout ce qu'il y avait de bien dans le premier discours avait été mis en lumière, tout ce qu'il y avait de mal était si bien tombé dans l'ombre qu'il semblait qu'il n'en eût jamais été question. »

Bornons là nos citations. Si, comme nous en avons l'espoir, l'Eglise glorifie le P. Pierre Olivaint et ses compagnons, les orateurs de cette fête, n'auront qu'à puiser dans ces pages, où le cœur du maître a si bien inspiré le cœur de son fils de prédilection.

Quand le P. Olivaint donnait aux jeunes gens de la rue de Sèvres le mot d'ordre : « En avant donc, et au premier rang ! » il ne les envoyait point à un dévouement de hasard, à des entreprises de fantaisie et d'aventure. Dans sa jeunesse, presque au lendemain de sa conversion, Pierre Olivaint était allé au peuple. Avec son élève, Georges de la Rochefoucauld, et avec un autre futur martyr de la Commune, l'abbé Henri Planchat, il fut l'un des *confrères* de la première heure, qui prêtèrent leur concours au premier de tous les patronages de Paris (1).

Ce fut vers la fin de la monarchie de Juillet, que les

(1) Voir *Histoire du Patronage de Notre-Dame-de-Nazareth*, 1895, page 189.

jeunes gens de la meilleure société commencèrent à fréquenter les œuvres ouvrières des enfants et des petits apprentis.

Au déclin du XIXe siècle, des hommes bien intentionnés, mais assez mal informés, ont eu l'air de croire que cet apostolat ne faisait que d'éclore. C'est plus qu'une erreur. Il était éclos dès l'aube du siècle; il s'épanouit sous la Restauration, grâce aux jeunes gens de la Congrégation, dont les révolutionnaires libéraux ont feint d'avoir tant de peur, et qui avaient fait tant de bien pendant 15 ans (1).

Néanmoins, c'est à partir de 1845, date du premier patronage créé par la vaillante Société des Frères de Saint-Vincent-de-Paul, sous le vocable de *Notre-Dame-de-Nazareth*, que les étudiants et autres jeunes catholiques se dévouèrent avec plus d'entrain aux enfants du peuple. Suivant le conseil que devait donner, un demi-siècle plus tard, l'Encyclique *Graves de Communi*, ce fut d'abord aux nobles et aux riches, que les fondateurs du patronage *Notre-Dame-de-Nazareth* firent appel. « Rien ne fut négligé, dit l'historien de cette maison, pour intéresser à l'Œuvre toute la haute société du faubourg Saint-Germain. Depuis cent ans, notre vieille aristocratie française, dépouillée d'une partie de ses biens par la Révolution, exclue de presque toutes les charges et fonctions publiques, est restée cependant la généreuse bien-

(1) Voir la *Congrégation*, par M. Geoffroy de Grandmaison, — et notre brochure *Les petits Ramoneurs*, pages 73 et suiv.

faitrice et comme la providence visible de toutes les œuvres catholiques. C'est à elle qu'on eut encore une fois recours (1). » L'appel fut entendu. On y répondit par des aumônes et par le dévouement personnel à ces œuvres de jeunesse et de charité.

C'est au patronage de *Notre-Dame-de-Grâce*, établi dans le quartier de Grenelle par les Frères de Saint-Vincent-de-Paul, que Ludovic de la Villesboisnet fit ses débuts et son apprentissage des œuvres populaires. Le patronage de Grenelle comptait, quand il y arriva, vingt ans d'existence; il avait été ouvert, en 1848, après les journées de juin qui ensanglantèrent Paris. C'est là que l'abbé Roussel inaugura, en 1863, l'Œuvre de la Première Communion, si consolante et si florissante aujourd'hui dans la Maison des Orphelins d'Auteuil. En ce quartier, alors si pauvre à tous les points de vue, *Notre-Dame-de-Grâce* était une oasis de foi et de vie chrétienne. C'est, disait une des premières chansons qu'y chantèrent les apprentis,

> *C'est un petit coin de la terre,*
> *Exempt de peine et de soucis,*
> *Un véritable paradis.*

Lorsque Ludovic de la Villesboisnet vint y prendre contact avec le menu peuple des faubourgs, le patronage de Grenelle était en pleine activité, on pourrait presque dire en pleine gloire. Des orateurs illustres, comme le

(1) *Notre-Dame-de-Nazareth*, page 78.

P. Félix, conférencier de Notre-Dame, Mgr de Ségur, l'abbé d'Hulst, en avaient occupé l'humble chaire; on y avait vu des évêques, et son Excellence le Nonce du Pape; aux grands jours de fête, des officiers, tels que les généraux Ambert, de Gramont, de Ladmirault, y étaient venus présider aux distributions de récompenses (1).

Même après tant d'années et d'événements, on nous a conservé ce témoignage de la bonne humeur qu'y apportait notre étudiant, et qu'il entretenait chez ses jeunes confrères. — « Parfois les confrères de Grenelle donnaient à dîner au président des patronages de Paris, M. Paul Decaux. Ces fraternelles agapes devenaient un champ clos, où la douce ironie de Ludovic déshabillait, d'un ton comique, Anatole de Bellissen et ses gasconnades, Georges Espivent et ses découvertes fabuleuses, Antoine d'Origny et ses douches d'eau sucrée, l'abbé L*** et ses véhéments héroïsmes. »

Avec quelle joyeuse ardeur, au sortir de ces réunions toutes cordiales, s'en allait-on diriger une partie de barres, de balles ou de ballons, prier ou chanter un cantique avec ces braves enfants de Paris qui se donnent de si bon cœur à qui les traite, non pas en égaux, mais en amis.

Le dévouement de l'étudiant auprès des petits Parisiens de Grenelle était un prélude; il fut de plus une amorce. Aussi l'idée lui vint-elle bientôt de créer un

(1) Voir *Souvenir des Noces d'or* du patronage de Notre-Dame de Grâce en 1898.

patronage, pour son propre compte, à l'ombre du manoir paternel et de l'église restaurée par son oncle. Voici comment l'ancien curé de Leudeville mentionne cette fondation, inaugurée sans bruit par Ludovic de la Villesboisnet dans un village de Seine-et-Oise. — « Son zèle lui fit trouver du temps pour s'occuper des bonnes œuvres à Paris et à Leudeville. Il fonda, dans cette paroisse, un petit patronage pour la persévérance des garçons, que nous voyions avec peine abandonner trop vite, après leur première communion, les pratiques religieuses, malgré l'éducation chrétienne que leur donnait un Frère de Sainte-Croix appelé par les châtelains.

» J'eus lieu d'admirer là, pendant dix ans au moins, la bienveillance à toute épreuve du bon M. Ludovic, pour des enfants d'une éducation rudimentaire et turbulents qui répondaient assez mal à sa charité ; incapables surtout de comprendre l'abnégation avec laquelle il sacrifiait son temps, sa bourse et des distractions qu'il aurait pu se procurer au château. Il persista malgré tout ; et obtint des résultats consolants, de ces rudes natures qu'il savait s'attacher à force de dévouement.

» Il appliquait, autant que possible, avec la douzaine ou quinzaine d'enfants qu'il avait réussi à réunir dans ce petit village, le règlement des patronages de Paris : jeux variés, promenades, lecture pieuse et prière du soir. J'allais de temps en temps présider ces derniers exercices. »

Un jour d'été, quelque temps avant la chute de l'Empire, Ludovic eut la grande joie d'amener le P. Olivaint et un groupe des jeunes gens de la rue de Sèvres, jusque sur le théâtre de ses exploits apostoliques en province, et dans sa chère église de Leudeville. Il a raconté cette visite; mais en ayant soin, on le remarquera, de dissimuler tout ce qui serait à son avantage, pour ne s'occuper que du principal visiteur.

« Je ne perdrai jamais, dit-il, le souvenir de l'impression produite par la piété du P. Olivaint sur un saint prêtre qui, plus tard, devait à son instigation fonder l'archiconfrérie de l'Union dans la Sainte Famille. C'était au soir d'un de nos pèlerinages d'été; nous visitions une église nouvellement et splendidement réparée. En y entrant, chacun s'était agenouillé; mais tandis que plusieurs, séduits par la beauté de l'édifice, priaient des lèvres, pendant que leur regard errait de nervure en nervure, notre saint Directeur, immobile et recueilli, ne voyait rien autre chose que Jésus-hostie, prisonnier d'amour au tabernacle.

» Quand le moment de se relever fut venu, il me sembla — aimait à répéter le bon chanoine de Leudeville — que le P. Olivaint avait eu un effort à faire pour se ressaisir lui-même; car tandis que son corps penché couvrait quelques-unes des dalles du chœur, son âme transfigurée jouissait visiblement du colloque avec Dieu (1). »

(1) *Le P. Pierre Olivaint*, 25ᵉ anniversaire, etc., page 21.

A la fin de cette conférence du souvenir, d'où nous extrayons ce pieux tableau, l'ancien étudiant-apôtre évoquait la triomphante agonie du P. Olivaint; et concluait par cette péroraison vibrante :

« Du fond de son tombeau, où reposent ses restes vénérés, du haut du ciel où son âme resplendit dans la gloire, sa voix se fait entendre. — « Votre œuvre, comme il nous le disait, le jour où il prenait la direction de notre Congrégation, est une œuvre d'hommes, de jeunes gens, appartenant tous aux classes dirigeantes de la société. Mais l'avenir est là; le bien de l'Eglise et de la Patrie est là; la plus grande gloire de Dieu est là ! »

» Prêtons l'oreille à la voix de notre Père; mettons en pratique ses conseils, suivons ses exemples, sachons orienter notre vie et ne donner aux divertissements honnêtes que leur place légitime, au lieu de leur consacrer le meilleur de notre temps. Que, par le travail du présent, le jeune homme prépare l'avenir. Que l'homme fait se souvienne que, s'il a reçu de Dieu, c'est pour donner aux autres. Gardons nos cœurs, cultivons nos intelligences, excitons notre zèle sous le souffle puissant de l'esprit de foi qui doit dominer toute notre vie.

» Ainsi nous justifierons le bel idéal que nous traçait notre saint martyr... »

Ludovic de la Villesboisnet avait le droit de prêcher aux jeunes gens le travail, le sacrifice des plaisirs inutiles, l'esprit de foi, le don de soi. Il avait emporté cette doctrine, de ses relations avec le P. Olivaint; et il en avait fait la loi de ses jeunes années.

En 1870, quand arriva la guerre, avec ses revers, et l'effrayant désarroi de la patrie, le préfet des congréganistes de la rue de Sèvres était bien armé pour la lutte. Il s'en allait au combat pour la France, tandis que le père de son âme se préparait au martyre pour le nom et pour l'amour de Jésus-Christ.

III

LE LIEUTENANT

Le 15 juillet, la guerre éclata. Les désastres succédaient aux défaites; la France payait ses longs oublis envers Dieu et le coupable abandon de Rome. Au premier appel, Ludovic de la Villesboisnet partit; il prit rang parmi les Mobiles de Guéméné-Penfao, dans la Loire-Inférieure, où, de vieille date, sa famille avait des propriétés aux environs du célèbre calvaire de Pont-château.

Jusqu'à la fin de l'Empire, il avait évité d'entrer dans la Garde nationale de Paris; et ce fut la raison pour laquelle il s'était fait admettre dans la modeste compagnie des Pompiers de Leudeville (1). Mais pour la guerre sérieuse, il voulut servir avec des Bretons, des soldats croyants, fils de la race chrétienne,

Que rien ne peut dompter, quand elle a dit : Je veux.

(1) Quand il se fut installé dans le Morbihan, M. de la Villesboisnet fit cadeau de son casque de pompier au costumier du collège Saint-François-Xavier. Selon toute vraisemblance, le pacifique objet dut figurer plus d'une fois sur la scène du collège, dans les comédies joyeuses auxquelles l'ancien *pompier* de Leudeville applaudissait de bon cœur.

Au mois de septembre, quelques semaines après son arrivée au corps, il fut nommé lieutenant; et, selon sa coutume en toute circonstance, il se mit résolument à la besogne, pour se rendre digne de son grade d'abord, puis de la confiance de ses hommes. Il travailla, il étudia, il s'exerça; et suivant les juges les plus compétents, le lieutenant improvisé ne le céda bientôt en rien aux officiers du même grade, pour le coup-d'œil militaire, le sang-froid, l'activité inlassable dans le service. Presque aussitôt, il fut envoyé au Mont-Valérien, où il resta attaché jusqu'à la fin des hostilités.

Sur son séjour et sa conduite durant ces mois de l'Année terrible, mois d'incessantes alertes, et d'un hiver cruel, nous avons la bonne fortune de posséder les notes du R. P. Patrice, Capucin, aumônier du fort pendant le siège de Paris. Il nous suffit de les transcrire :

« A peine les bataillons des Mobiles de la Loire-Inférieure occupaient-ils, depuis un mois, le Mont-Valérien, que le lieutenant de la Villesboisnet fut remarqué par le général Noël, commandant du fort.

— » Ce jeune officier, me disait-il, on le croirait sorti de Saint-Cyr, plutôt que de l'Ecole de Droit. Déjà il sait son métier de soldat, à en remontrer à plusieurs. C'est un de vos très fidèles, M. l'Aumônier; vous devez en être fier.

» Pendant ce long siège, nous eûmes des brouillards très épais; parfois on était inquiet pour les grand'gardes. Un jour l'inquiétude grandissait; l'ennemi s'était montré agressif dans ses patrouilles. Mais on eut vite rassuré le général commandant, quand on lui eut dit : c'est le lieutenant de la Villesboisnet qui est de service.

» Après les journées de Champigny (30 novembre et 2 décembre), dans la crainte que, malgré le froid excessif, l'ennemi ne vînt à bombarder le Mont-Valérien, on commença des tranchées. Souvent le général allait lui-même visiter les travailleurs; or, le froid était tel, que plusieurs officiers, n'en pouvant plus, s'étaient mis à l'abri. Le général faisant sa ronde trouva le lieutenant :

— » Mais, s'écria-t-il, où sont-ils donc?

— » Je suis là, mon général.

— » Vous, je le savais bien; mais les autres?...

» En décembre, il fut décidé à l'état-major que, pour empêcher les Prussiens de venir jusqu'à Rueil, on occuperait la Maison Crochard, située non loin de la Malmaison et des postes avancés de l'ennemi. M. de la Rochethulon fut nommé capitaine des Mobiles de bonne volonté qui se présentèrent pour garder cet endroit périlleux. Sans diminuer le mérite du chef, je peux affirmer que le lieutenant de la Villesboisnet tenait grande place à ce poste d'honneur. Il en était l'âme, par son sang-froid et son dévouement intrépide.

» La neige épaisse couvrait la terre. Un dimanche, de grand matin, il vient au Mont-Valérien frapper à la porte de l'aumônier.

— » C'est vous, à cette heure! que se passe-t-il donc?

— » Je suis venu accompagner la corvée de ravitaillement ; on nous attend ; je ne puis assister à la messe. Seriez-vous assez bon, M. l'Aumônier pour entendre ma confession et me donner la sainte Communion ?

— » A vos ordres, mon cher lieutenant.

» Ses *volontaires* avaient toute confiance en lui; ils l'aimaient; ils le vénéraient. Chaque semaine, l'aumônier faisait visite à la Maison Crochard. Toujours, une heure était fixée pour la confession de ces braves gens, qui puisaient dans leur foi chrétienne l'endurance et le courage indispensables, en un poste si souvent attaqué par les Allemands. »

Un jour de cet épouvantable hiver, le lieutenant eut l'audacieuse et habile témérité de s'accorder à lui-même un congé de quelques heures, pour courir jusqu'à Fontenay donner de ses nouvelles à ses proches. — « Par une soirée glaciale, raconte Mme la comtesse Yvert sa cousine, nous étions isolés dans une pièce du château rempli d'officiers prussiens; et là, autour du feu, nous parlions de nos angoisses, augmentées par la présence des envahisseurs. Tout à coup la porte s'ouvre; un bel officier français est au milieu de nous. C'est Ludovic qui, en costume de mobile, a quitté le Mont-Valérien, et se retrouve, pour la première fois en famille.

— » As-tu dîné, lui demande-t-on ?

— » Non... Et il nous avoue avoir grand'faim ; puis, à la vue d'un faisan qu'on se hâte de lui servir ;

— » Ah ! mon Dieu ! s'écria-t-il ; je croyais que c'était un animal légendaire. Depuis six mois, je n'ai mangé que du cheval et de l'éléphant.

» Et il nous raconta qu'il avait bien souffert ; surtout du manque de sommeil. Malgré tout, il avait fait vaillamment son devoir. »

Le lieutenant de la Villesboisnet avait conquis, par son aménité et sa complaisance, les sympathies des officiers ses camarades ; mais aussi l'affection de ses soldats, par sa continuelle préoccupation de leur bien-être physique et moral. Quelques jours après l'armistice, encore malade d'une angine qui mit sa vie en danger, il courut au domicile de son fidèle sergent, descendu comme lui en ville, pour se reposer un peu des fatigues du siège.

— Hé bien, Lucas, nous ne faisons donc rien pour nos hommes ?

— Mais, mon lieutenant, tout service est suspendu.

— A la bonne heure ! Mais l'âme de nos soldats ne court-elle pas de dangers ici ? Allons les voir.

Ne croirait-on pas entendre un écho de l'admirable parole du général de Sonis : « Les âmes de nos soldats, quelle grande chose elles sont ! Et dire qu'on s'en occupe si peu ! »

Les Mobiles n'oublièrent point leur lieutenant. Quelques années après la guerre, un de ses amis rencontra, dans le voisinage de Sainte-Anne, un paysan qui lui demanda :

— C'est bien par ici, n'est-ce pas, qu'habite M. de la Villesboisnet?

— Oui. Vous le connaissez?

— Oh! je le connais. J'ai servi sous ses ordres. C'était un excellent chef, très bon pour ses hommes.

Très bon, il le fut, dans un cas assez peu ordinaire. On accusait ses Mobiles de pillage; on leur reprochait d'avoir volé des matelas, dont ils auraient eu certes grand besoin dans ces temps d'effroyable misère. Le lieutenant se souvint alors fort à propos de son titre de licencié en droit et d'avocat; et il se présenta en personne pour défendre ses braves troupiers; il réfuta, avec l'éloquence de l'indignation, cette injurieuse accusation de vol et sauva l'honneur de ses mobiles bretons, qui furent acquittés haut la main. De ses divers succès oratoires, cet acquittement fut peut-être celui qui le consola davantage. Comment lui, la loyauté même, aurait-il pu souffrir qu'on traitât ses compagnons de voleurs?

Par contre, quand il était seul en cause, les injures le touchaient peu. Un officier beau parleur, libre-penseur, affranchi de toutes les « mômeries de la superstition, » le harcelait de ses épigrammes plus ou moins choisies. Le lieutenant écoutait et passait ; n'en continuant pas moins d'afficher, sans forfanterie comme sans peur, ses convictions catholiques. L'officier en question dut alors quitter le régiment; et ses collègues lui offrirent un punch d'adieu. C'était un dimanche; et, en outre, le lieutenant de la Villesboisnet était de service ce jour-là. Pour cette double raison, comme pour celle que l'on devine, on ne s'attendait point à le voir figurer dans cette réunion. Aussi, quel ne fut pas l'étonnement général, quand on le vit arriver, aimable et correct à son habitude; puis s'adressant à l'officier qui l'avait tant de fois agacé :

— Savez-vous, dit-il, que vous m'avez fait lever de bien bonne heure, ce matin? Car je ne voulais pas manquer la messe; et je ne voulais pas manquer non plus de boire à votre santé.

Le plus surpris fut l'homme affranchi de superstition et de politesse. Ces affranchis-là sont un peu plus accoutumés à garder rancune.

Après la guerre, il y eut un bel engouement de la jeunesse pour la carrière des armes. Pour se préparer aux futures revanches, on prenait une attitude, on réclamait un titre; et, selon le mot d'un officier, « tout le monde alors était capitaine de Mobiles. »

Ludovic de la Villesboisnet le fut aussi; mais non pour le plaisir de porter l'uniforme, ou pour la pose. Il s'était rendu compte, par son expérience personnelle, de l'influence qu'un chef habile et dévoué peut acquérir pour le bien de ses subordonnés et du pays. Quelque temps donc, il poursuivit ses études militaires, avec le sérieux qu'il apportait en tout. Et, après examen, il fut nommé capitaine de réserve. Parmi les officiers dont se composait le jury, un commandant d'artillerie poussa le lieutenant candidat et lui posa même certaines questions étrangères au programme. Le lieutenant ne se déconcerta point; il était, comme on dit, *ferré* sur ses matières; par la précision, par la sûreté de ses réponses, il mérita les suffrages et l'admiration de ses juges.

Mais après avoir gagné ses épaulettes de capitaine, il songea qu'il lui restait une conquête à faire, pour être armé de toutes pièces; non qu'il voulût se donner des droits au repos, mais tout au contraire, se mettre en état de se dépenser plus utilement, et de se sacrifier davantage.

IV

LE DOCTEUR EN DROIT

Un an après la guerre, le mardi 26 mars 1872, à deux heures de relevée, Ludovic de la Villesboisnet, avocat à la Cour d'appel, soutenait devant la Faculté de Paris sa thèse de Doctorat, sous ce double titre :

1° *De l'Occupation en droit romain;*

2° *De la Chasse en droit français.*

La thèse, un fort volume d'environ 300 pages, porte comme dédicace : « A mon Père et à ma Mère. » L'exemplaire que nous avons sous les yeux est signé de la main de l'auteur, et offert en hommage à son cher camarade, M. Michel Cornudet; qui fut, par la suite, pour ses anciens maîtres du collège de Vaugirard, un ami, un défenseur et un conseiller, comme Ludovic de la Villesboisnet, pour ses anciens maîtres du collège de Vannes.

Nous ne saurions analyser le double travail du jeune docteur; l'intérêt de ces sortes d'ouvrages peut être plus vif pour les gens de loi, mais passablement restreint d'ordinaire pour les lecteurs du commun. Notons pourtant que les sujets traités par le brillant chasseur de Leudeville, n'ont pas été choisis sans un dessein particulier. Il parlait de choses qu'il aimait, qu'il connaissait, dont la pratique lui était si familière depuis son enfance. Aussi, dès les premiers paragraphes de son étude de droit romain, se donne-t-il le malin plaisir de dire son fait au vieux jurisconsulte Ulpien, pour n'avoir pas classé la chasse parmi les modes naturels et légitimes d'acquérir la propriété : — « L'*occupation* doit toujours figurer, dit-il, parmi les modes d'acquérir; car il y aura toujours des *res nullius;* ne fût-ce que le gibier, le poisson et les animaux sauvages. »

Quant à la seconde partie de la thèse, c'est le code complet de la chasse, exposé avec un détail consciencieux et commenté — on le sent même à travers les broussailles des textes et des formules légales — *con amore*. Des chasseurs qui auraient du loisir pour les choses sérieuses de leur art, liraient ces pages avec profit, et, j'en suis sûr, sans ennui. Le chapitre sur l'*histoire de la chasse* serait curieux pour tout le monde; en voici le début :

« Dans l'antiquité la plus reculée, la chasse était une des principales occupations de l'homme. Indépendamment de l'attrait tout particulier qu'elle lui offrait, il y trouvait le moyen de se nourrir et de se vêtir; et souvent le besoin de sa défense personnelle lui en faisait une nécessité » (page 64).

Le candidat sourit, en passant, de la législation chinoise qui condamne le chasseur, surpris en flagrant délit dans la propriété d'autrui, à être « coupé en morceaux; »

ce qui nous paraît, à nous gens d'occident, un châtiment sommaire et mal proportionné au crime : la vie d'un homme étant pour nous plus précieuse que celle d'un lapin.

M. de la Villesboisnet regrette, on est du moins porté à le croire, le bon vieux temps, qui dura chez nous jusqu'à la fin du XIVe siècle, où aucune ordonnance n'interdisait « soit aux nobles, soit aux roturiers, de chasser sur leurs propres terres » (page 65). *Tempi passati.*

A propos du braconnage, contre lequel le jurisconsulte-chasseur estime que les pénalités actuelles sont insuffisantes, il réclame avec énergie la protection du gibier, dont jamais on ne saura trop garantir l'existence et la propagation.

Dans le chapitre du *Permis de chasse*, il appuie, en plus d'un endroit, sur le cas d'incapacité et d'indignité, provenant de condamnations infamantes; les honnêtes gens ayant, semble-t-il, plus de titres à ce noble jeu, que les individus gratifiés d'un casier judiciaire. Le fusil, arme à la fois respectable et redoutable, ne devrait-il pas être réservé aux bons citoyens, d'une réputation sans tache !

Dans les articles sur le *temps, les lieux, les moyens* de chasse, sur les *animaux malfaisants, nuisibles et bêtes fauves,* on constate la spéciale compétence, non seulement de l'homme de loi, mais du professionnel qui connaît les hôtes des bois et les bêtes des champs mieux que par ouï-dire, ou d'après les livres. Ainsi, à propos de la malencontreuse destruction des œufs et des couvées de faisans, perdrix et cailles, il en appelle à l'expérience de quiconque est au fait des choses de la campagne : « Qui ne sait en effet, dit-il, que, chaque année, au moment de la fauchaison des prés et des prairies artificielles, une grande quantité d'œufs se trouveraient détruits, si on n'avait soin de les recueillir et de les faire couver? » (page 220).

Au surplus, il a feuilleté les livres classiques qu'un chasseur intelligent doit avoir sous la main : *Le Dictionnaire des chasseurs*, de Baudrillart; *La Technologie cynégétique*, de Lavallée; il les cite; il leur emprunte leur répartition des bêtes fauves en trois catégories : « 1° Les bêtes *fauves* proprement dites, cerfs, daims, chevreuils; 2° Les bêtes *noires*, sangliers, laies, marcassins; 3° Les bêtes *rousses* ou carnassières, loups, renards, blaireaux, fouines, etc. » (page 196).

En y regardant d'un peu près, ou en lisant entre les lignes, on pourrait même se rendre compte de la religion que professe l'auteur de la thèse. C'est bien, par exemple, le catholique fervent, autant que le chasseur, qui regrette qu'on n'observe plus en 1872 un arrêt de la Table de marbre du 17 avril 1674, ainsi conçu :

« Défendons aux pâtissiers de mettre en pâté : les *Lièvres*, depuis le premier jour de Carême de chaque année jusqu'au dernier juin suivant, et les *Perdrix*, depuis le même temps jusqu'au dernier juillet; à peine de confiscation et de 20 livres d'amende pour chaque pièce de gibier, tant contre l'acheteur que contre le vendeur; les bêtes *rousses* ou *noires*, en tout ou en partie; à peine de confiscation et de 250 livres par chaque cerf, biche ou faon; de 25 livres pour chevreuil, marcassin ou sanglier » (page 215). — Cette mesure, prise il y a deux siècles, sauvegardait autre chose que les superbes pièces de gibier; elle aidait à l'exacte observation du Carême; et c'était double profit.

Encore une fois, nous ne prétendons pas donner ici une analyse de cette thèse intéressante; mais faire voir que le nouveau docteur en droit visait d'abord au côté pratique des choses; et qu'il avait approfondi jusque dans les recoins la législation d'un exercice utile et agréable, où il avait trouvé lui-même, avec sa belle santé, les meilleurs plaisirs de ses jeunes années.

V

MARIAGE ET PREMIÈRES ŒUVRES A PARIS

La brillante soutenance avait eu lieu le 26 mars. Moins de quinze jours plus tard, le 9 avril 1872, le docteur en droit, Ludovic Espivent de la Villesboisnet épousait, en l'église Saint-Germain-des-Prés, Mlle Marie de Perrien de Crenan. La famille de Perrien, d'ancienne noblesse d'épée et bretonne comme la famille Espivent, est originaire de Plouagat, en l'ancien évêché de Tréguier, aujourd'hui évêché de Saint-Brieuc (1).

Le grand-père maternel de Mlle Marie de Perrien avait fait partie de l'expédition de Quiberon; il eut la force et le bonheur de s'échapper à la nage. Il était allié au vénérable et illustre serviteur de Dieu, messire Eudo de Kerlivio, mort en odeur de sainteté à Vannes en 1685;

---

(1) Guillaume de Perrien, sieur du dit lieu et de la Ville-Chevalier, écuyer, paraît dans une montre de 1375, et ratifie le traité de Guérande. Son fils défend Guingamp pour les Penthièvre, en 1419. Maurice est page du roi Henri II en 1553. Puis cette famille compte trois chevaliers de l'Ordre en 1626. Maurice épouse, vers 1600, Anne Urvoy, dame de Crenan. Son fils Pierre est maréchal de camp en 1649 et grand échanson de France; il meurt en 1670. Son fils Pierre, lieutenant général, en 1639, gouverneur de Cazal, est tué au siège de Crémone, en 1702. Sa sœur Marie est fille d'honneur de la reine Marie-Thérèse, en 1673.

et qui fut l'apôtre et modèle du clergé, le protecteur des communautés religieuses et le « Père des pauvres (1). »

C'était donc, de part et d'autre, même héritage de foi, d'honneur et de traditions, de loyauté courageuse et de charité.

La bénédiction nuptiale fut donnée aux jeunes époux par Mgr Forcade, évêque de Nevers. De longue date, ami de la famille de la Villesboisnet, l'orateur se montra éloquemment inspiré par son affection, par ses souvenirs personnels et par la circonstance. Sa parole traduisit avec bonheur les sentiments de la foule choisie, parents, amis, jeunes gens de la Conférence Olivaint, qui s'était donné rendez-vous en la vieille église du noble faubourg.

Les discours de mariage sont d'ordinaire des panégyriques. Le prélat orateur n'avait, pour louer, qu'à dire la vérité; il l'a dite; et son allocution est réellement une page de l'histoire que nous écrivons. Aussi n'hésitons-nous point à la reproduire, comme document et comme morceau littéraire.

(1) Louis Eudo de Kerlivio était né à Hennebont en 1621, d'une ancienne famille qui avait donné des conseillers au Parlement de Bretagne; il fut grand vicaire de Vannes, où il fonda la maison de retraite pour les hommes.

(Voir *Vies des saints de Bretagne*, par dom Lobineau, nouvelle édition, tome V.)

Cum esset junior omnibus in tribu Nephtali, nihil tamen puerile gessit in opere.

Quoique le plus jeune de tous dans la tribu de Nephtali, jamais cependant il ne se conduisit en enfant.

(Tob. I, 4.)

Cet éloge que nos divines Écritures décernent au saint homme Tobie, il m'est bien permis de vous le décerner à vous-même, mon jeune ami. Je vous ai béni dès le sein de votre mère, et depuis votre naissance je ne vous ai pas un instant perdu de vue. Je le sais, et il est juste que j'en rende aujourd'hui témoignage devant cette pieuse assemblée : jamais vous ne vous êtes conduit en enfant.

Né dans un temps où non seulement la jeunesse, mais l'adolescence et quelquefois même l'enfance, court se prosterner en foule aux pieds de toutes les idoles que nous fabriquent à l'envi les Jéroboam modernes, vous avez constamment fui cette folle compagnie, et le seul rendez-vous, en dehors de la maison paternelle et de l'école, où vous vous soyez montré toujours empressé, toujours assidu, n'est autre que le temple même du Seigneur : *Cum irent omnes ad vitulos aureos, quos Jeroboam fecerat rex Israel, hic solus fugiebat consortia omnium, sed pergebat in Jerusalem ad templum Domini.*

Mais ce n'est pas là votre seul trait de ressemblance avec l'une des plus saintes et des plus suaves figures de l'Ancien Testament. De même que Tobie, devenu captif à Ninive, se mettait incessamment à la recherche de tous ses compagnons de captivité, afin de les maintenir ou de les ramener par ses bons conseils dans les voies du salut : ainsi vous, mon brave ami, souvent amené et longtemps retenu pour vos études dans cette grande ville, qui serait comparable à Ninive si elle faisait pénitence, vous n'avez cessé de vous imposer auprès des compagnons de vos travaux — l'on pourrait dire de votre captivité — une toute semblable mission ; et vous l'avez accomplie avec un rare succès : *Pergebat ergo ad omnes qui erant in captivitate, et monita salutis dabat eis.*

Et n'est-ce pas là ce qui nous explique pourquoi vous nous apparaissez, en ce moment même, entouré et comme couronné d'une si nombreuse et si brillante jeunesse ! Votre zèle et votre sagesse vous ont placé tout naturellement à la tête de ces nobles jeunes gens, que nous voyons pour la plupart, selon l'expression d'un saint Père, surpasser la vieillesse par l'intelligence : *Multos videmus juniorum super senes intelligere ;* vieillir leurs jours par leurs bonnes mœurs : *moribus antiquare dies ;* prévenir le temps par leurs mérites : *prævenire tempora meritis ;* et compenser par leurs vertus ce qui manque à leur âge : *et quod ætati deest, compensare virtutibus.*

Il me serait facile de vous louer, mon cher Ludovic, de cette aptitude peu commune et de cette application plus rare encore aux travaux de l'intelligence qui vous ont permis de recueillir si jeune avec un succès exceptionnel, les palmes élevées du doctorat. Je pourrais même montrer en vos mains d'autres palmes non moins enviables et plus admirées, les palmes militaires, que vous avez incontestablement conquises pendant la dernière guerre, en prenant les armes avec courage et en les portant avec bravoure pour la défense de la Patrie. Mais mon regard sacerdotal se repose avec plus de complaisance encore sur les labeurs et les triomphes moins éclatants de votre modeste apostolat ; car il n'en est point dont je sois pour vous et pour nous tous plus heureux et plus fier.

Ah ! mes Frères, contemplez avec amour ces jeunes gens studieux et vertueux ; ne craignez même pas de les saluer avec respect : ce sont eux et ceux qui leur ressemblent qui deviendront, dans un avenir plus ou moins prochain, les libérateurs de Rome et les vengeurs de la France.

Tobie, arrivé à l'âge d'homme, prit pour épouse Anne,

jeune fille de sa tribu : *Cum vero factus esset vir, accepit uxorem Annam de tribu sua.* Et vous aussi, mon ami, vous choisissez dans votre tribu une épouse portant précisément le même nom. Cette jeune personne qui va vous être unie par des liens si sacrés, appartient comme vous à la plus fière des tribus du nouvel Israël, à la Bretagne restée, au milieu de la défection générale, toujours brave et toujours fidèle ; et sa famille, comme la vôtre, compte parmi les plus anciennes et les meilleures d'une tribu si vaillante. Le vieux sang des Perrien, illustre dès le onzième siècle, s'alliera bien avec le sang des Espivent, doublement consacré par l'honneur dans le passé et la gloire même dans le présent. Je dis bien la gloire dans le présent ; car vous savez, mes Frères, en quelles veines ce sang généreux lutte actuellement avec avantage contre le désordre et l'anarchie ; conquérant ainsi la seule gloire que laissent au savoir et à la bravoure militaires la démence des hommes et le malheur des temps (1).

Mais vous serez plus heureux, mon ami, que ne le fut le vieux Tobie. En trouvant dans sa compagne un cœur vertueux et dévoué, celui-ci eut à regretter de n'y pas rencontrer assez de pénétration ou d'élévation d'esprit. Anne, par faiblesse d'intelligence, le gourmandait sans cesse au sujet de ses bonnes œuvres ; elle se permettait même quelquefois de lui dire qu'il y perdait absolument son temps et sa peine : *Manifesta vana facta est spes tua.* Vous n'aurez jamais à redouter ces ennuis domestiques, l'intelligence qui rayonne si visiblement sur ce front vous en est un sûr garant. Loin de vous décourager, on vous encouragera ; et loin de chercher à restreindre le cercle de votre action, pour le bien, on ne pourra que l'élargir au contraire en vous découvrant sans cesse des horizons nouveaux. Votre foyer, n'en doutez pas,

---

(1) Allusion à M. le général de la Villesboisnet, grand croix de la Légion d'honneur, né en 1813 ; illustre par son courage en face de l'ennemi et par son énergie contre l'émeute révolutionnaire, à Marseille.

ne différera en rien du foyer paternel, où nous avons toujours admiré, dans l'inaltérable accord de deux esprits et de deux cœurs indissolublement unis, une seule et même pensée ; comme des vœux également ardents pour tout ce qui est vrai, tout ce qui est honnête, tout ce qui est juste, tout ce qui est saint, tout ce qui est aimable et assure une bonne renommée : *Quæcumque vera, quæcumque pudica, quæcumque justa, quæcumque sancta, quæcumque amabilia, quæcumque bonæ famæ.*

Cette cordiale et parfaite entente est infailliblement la récompense terrestre des époux chrétiens, qui n'oublient point que les premiers de leurs titres, c'est d'être les enfants des saints : *Filii sanctorum sumus.* Il vous sera d'autant plus facile, jeunes époux, d'en garder vous-mêmes le souvenir que Dieu, nous l'espérons et nous l'en prions très instamment, vous laissera plus longtemps sous les yeux le spectacle édifiant pour tous, mais pour vous cher et sacré, d'une double et même existence qui vous en rappellera chaque jour par des œuvres la conséquence pratique : *Nec possumus ita conjungi, sicut gentes quæ ignorant Deum.* « Notre union ne peut ressembler à celle des infidèles qui ne connaissent point Dieu... »

Ce discours de mariage, à l'encontre de beaucoup d'autres, est une suite de prophéties qui, de point en point, se sont réalisées. La double et même existence des deux familles sous un seul toit se prolongea presque jusqu'aux dernières années de Ludovic de la Villesboisnet ; dans la cordiale et parfaite entente dont Dieu est le principe, le centre et la fin. D'autre part, l'encouragement intime, promis par l'éloquent prélat, Ludovic de la Villesboisnet le rencontra toujours au foyer conjugal, où jamais on n'essaya de restreindre son cercle d'action pour le bien. Et combien de fois, quand on lui

parlait des courses de son mari en quête d'une occasion
de zèle, entendit-on Mme de la Villesboisnet répéter ce
mot que nous tenons d'un sûr témoin : « Oh! oui, sans
doute; je trouve ces absences bien longues; mais c'est
pour le bon Dieu. Voilà ce qui me console. » Dieu en
effet, avait donné à cet homme dont le dévouement
était la vie, une compagne dévouée, elle aussi, aux petits
et aux humbles; heureuse, en particulier, d'avoir à s'occuper des paysans de sa Bretagne; et, de plus, sachant
parler le pur langage celtique du Morbihan.

Mais l'heure n'était pas venue encore d'aller cultiver,
pour Dieu,

La terre de granit recouverte de chênes;

et Paris n'offrait qu'un trop vaste champ à l'activité
charitable. Quelques mois après son doctorat et son
mariage, Ludovic de la Villesboisnet, entouré d'une
vingtaine de jeunes gens, dans le parloir des Jésuites
de la rue de Sèvres, jetait les bases d'une nouvelle Conférence de Saint-Vincent-de-Paul; c'était le 7 décembre
1872, veille de l'Immaculée-Conception. Le 24 mai suivant, fête de Notre-Dame-Auxiliatrice, anniversaire de
la glorieuse mort du P. Olivaint, Pie IX, en récompense
des services déjà rendus à l'Eglise et comme gage des
dévouements futurs, créait, à la demande de Mgr Forcade, Ludovic Espivent de la Villesboisnet, chevalier
de Saint-Grégoire.

Où allait-il établir la Conférence projetée et résolue?

M. le comte de la Villesboisnet, son père, était président de la très active Conférence de Saint-Sulpice. Il n'y avait donc rien à essayer aux environs du Luxembourg. Ludovic se mit à la recherche d'un quartier moins bien partagé ; il crut d'abord avoir découvert le terrain propice du côté de la Seine, au delà des Invalides. Sur ses démarches, sur l'établissement de sa Conférence et sa première création d'école, nous avons des documents réunis par le fondateur lui-même qui, le 8 décembre 1883, raconta à l'Assemblée générale des Conférences de Paris, les *Dix premières années* de cette œuvre populaire par excellence.

« C'était, dit-il, au lendemain de l'invasion allemande, des massacres de la Commune. La réunion des jeunes gens de la rue de Sèvres venait de perdre le R. P. Alexis Clerc, un de ses anciens directeurs ; et se trouvait sans guide depuis la mort glorieuse du R. P. Olivaint. Un instant réunis par le R. P. Matignon, les membres de cette œuvre féconde, à laquelle tant de jeunes gens doivent la sauvegarde de leur honneur et de leur foi, retrouvaient dans la personne d'un autre P. Clair, le nom béni d'un de leurs martyrs joint au zèle et à l'aimable finesse d'esprit du R. P. Olivaint.

» Ceux que les hasards d'une guerre désastreuse avaient dispersés sur tous les champs de bataille reprenaient, avec l'année scolaire 1872-1873, leurs études interrompues. Le conseil de la réunion tenait de nouveau ses séances et agitait la question de savoir s'il ne devait pas fonder une Conférence de Saint-Vincent-de-Paul...

» Tous les jeunes gens de la rue de Sèvres trouvaient, il est vrai, alors comme aujourd'hui, un puissant secours pour leur foi et pour leur piété dans les réunions de chapelle, fixées dès le principe, et toujours maintenues depuis, aux 1ᵉʳ, 3ᵉ et 5ᵉ dimanches du mois. Quelques-uns même se réunissaient chaque semaine, dans des conférences littéraires parmi lesquelles nous devons citer celle que le R. P. Clair fonda sous le nom de *Conférence Olivaint*, et qui ne comptait, au début, que douze membres, dont six sont Jésuites aujourd'hui. Quelques autres se retrouvaient dans les patronages ou à l'Œuvre des Petits Ramoneurs; mais le plus grand nombre n'avait pas d'occasion de se revoir entre une réunion de chapelle et l'autre. De là, un certain isolement pour ceux-ci, une division par petits groupes pour ceux-là... (1). »

Le 7 décembre 1872, vingt-quatre jeunes gens résolurent la fondation d'une Conférence qui, le 27 janvier 1873, fut agréée par le Conseil général. — « Pour placer plus directement leur œuvre sous le patronage du R. P. Olivaint, les fondateurs sollicitèrent l'autorisation de nommer la conférence nouvelle, Conférence Saint-Pierre. Cette demande ayant été favorablement accueillie et les pauvres de la paroisse du Gros-Caillou leur

(1) *Les dix premières années* de la conférence Saint-Pierre-Saint-Paul, par L. Espivent de la Villesboisnet, président de la conférence, 1884 (pages 2-4).

ayant été assignés, la conférence s'appela d'abord Saint-Pierre-du-Gros-Caillou ; mais, avant même qu'aucune famille n'eût été admise, le Conseil de Paris ayant constaté que les pauvres de la paroisse de Plaisance étaient moins assistés que ceux du Gros-Caillou, revint sur sa première décision et attribua à la nouvelle conférence la partie du territoire que la Conférence de N.-D.-de-Plaisance voudrait bien lui céder. Enfin, pour éviter toute confusion, un grand nombre de conférences ayant déjà saint Pierre pour patron, il fut décidé que la Conférence Saint-Pierre-du-Gros-Caillou s'appellerait désormais *Conférence Saint-Pierre-Saint-Paul* » (pages 5 et 6).

M. Cauchy, président de la Conférence de N.-D.-de-Plaisance, reçut de la meilleure grâce les ouvertures du plénipotentiaire qui venait lui demander l'abandon d'une partie de son champ d'action. Le territoire ainsi conquis par la charité, et exploité par la jeunesse, fut rapidement fécondé par l'ardeur entreprenante du nouveau président, Ludovic de la Villesboisnet. En 1883, soixante-dix confrères composaient l'effectif de son bataillon des membres visiteurs ; celui des pauvres visités variait entre quatre et cinq cents, répartis entre cent ou cent dix familles.

L'expédition à travers les mansardes et les taudis de la misère débutait par une visite au Saint-Sacrement, en l'église de Plaisance, où l'on demandait l'esprit de charité à Celui qui a dit : *Misereor super turbam.* Tous les mois, en guise de repos et de veillée d'armes, on passait une nuit d'adoration devant le Saint-Sacrement exposé dans la chapelle du Jésus; puis — après les brutales expulsions de 1880 — dans l'église des Carmes. Naturellement le président de la Conférence Saint-Pierre-Saint-Paul était le premier partout, avait l'œil à tout, donnait le mot d'ordre à tout son monde; et, avec une humilité vraie comme sa foi, disait hautement : « Si le bien, fait par la Conférence, n'est pas plus considérable, c'est que nous ne prions pas assez; c'est que, comptant sur nos propres forces, nous ne nous appuyons pas assez sur Dieu » (page 10).

Les réunions, où l'on venait prendre et se donner du cœur à la besogne, se tenaient chaque samedi soir, à la rue de Sèvres, dans une belle et vaste salle du 1er étage, en face du square du Bon-Marché; où se développèrent, sous les noms de *Conférence Olivaint* et de *Conférence Laënnec*, des conférences de droit, de philosophie, de littérature, d'histoire, de médecine — en attendant la *Société de Saint-Jean* pour les artistes. Aux séances plus solennelles, Ludovic de la Villesboisnet cédait la présidence à des invités de marque, parmi lesquels il convient de nommer Mgr d'Hulst et Mgr l'Archevêque de Larisse, aujourd'hui cardinal Richard.

Nous ne saurions entrer dans tout le fonctionnement de la Conférence Saint-Pierre-Saint-Paul sous l'impulsion de son fondateur; notons toutefois deux ou trois points plus caractéristiques et où s'accusent plus fortement ses idées pratiques d'organisateur. La Conférence fournissait, bien entendu à ses frais, le nombre de lits nécessaire à chaque famille visitée. Tous les ans, elle dé-livrait un *Prix de propreté*, en vue d'encourager l'ordre et l'économie. Pour lutter contre les écoles protestantes, installées dans le quartier de Plaisance, elle choisit dix enfants parmi les mieux doués, et paya pour eux les frais scolaires chez les Petits-Frères de Marie.

Dès le début, elle créa un vestiaire, alimenté par des aumônes en espèces ou des dons en nature; vestiaire qui eut, plus d'une fois, l'honneur de fournir des habits de noce à de pauvres couples sur le retour qui, ainsi drapés et parés, avaient le moyen d'aller faire bénir leur tardif mariage à l'église. — « Voyez-vous, raconte Ludovic de la Villesboisnet, ce jeune homme et cette jeune fille qui, à eux deux, ne comptent pas moins de 130 prin-temps, et qui s'avancent lentement vers le sanctuaire pour demander à Dieu de ratifier leur union bien an-cienne déjà. Le futur époux porte un habit d'une coupe irréprochable, trahissant les ciseaux d'un des grands tailleurs de la capitale. S'il n'est plus de la première fraîcheur, c'est qu'il a perdu son lustre dans des fêtes brillantes. Trop d'hommes hélas! ressemblent à cet ha-bit, ne pensant pas toujours, au déclin d'une vie toute pour le monde, à en conserver, dans leur vieillesse, une petite part pour Dieu » (page 13). Cette vieille redin-gote, au contraire, avait la chance de faire une bonne fin, grâce à la Conférence Saint-Pierre-Saint-Paul.

Pour ce qui est des ressources pécuniaires, veut-on savoir les industries mises à l'ordre du jour par le président et ses amis ? Outre les sermons de charité et les aumônes individuelles, voici comment on se procurait de l'argent. Les confrères jouaient-ils entre eux, l'enjeu de la partie, quel que fût le gagnant, passait dans la caisse de la Conférence. Un confrère se mariait-il — et le président remarque avec bonne humeur que « l'on se marie à Saint-Pierre-Saint-Paul peut-être plus qu'ailleurs » — la première quête faite par la nouvelle mariée était de droit acquise aux pauvres de Plaisance. Enfin, autre stratagème imaginé par la charité ingénieuse du président qui ne se nomme point, mais qui, nous en sommes convaincu, livre un de ses secrets personnels :

« Une autre fois, dit-il, se souvenant sans doute de la seule viande qu'il ait mangée pendant les derniers mois du siège de Paris, un confrère se fit donner par un de ses oncles un pauvre cheval condamné à mort, et lui fit prendre le chemin de la boucherie, rapportant à la Conférence trois louis, son prix de vente » (page 15).

Sur ce chapitre, comme bien on pense, le président n'a pas tout dit. Il convient d'entendre à ce propos le récit d'un autre excellent confrère de Saint-Pierre-Saint-Paul. Il remonte un peu plus haut, avant d'arriver au fait; mais personne ne s'en plaindra.

« De cette époque (1872-1873) datent nos relations très suivies avec la Villesboisnet, qui se sont continuées jusqu'à sa mort. Jusque là, je le connaissais, mais peu.

Combien j'ai remercié le Ciel de m'avoir mis sur le chemin de ce grand chrétien, de ce modèle des amis.

» La tâche qu'il avait entreprise semblait facile, à bien des points de vue. Le recrutement des membres de la Conférence était assuré parmi les membres de la réunion de la rue de Sèvres. L'appui et les conseils du Père Directeur étaient d'un grand secours. Puis ces jeunes gens acceptaient volontiers l'autorité d'un homme jeune encore, mais leur aîné de plusieurs années. Les difficultés pourtant ne manquaient pas. Il fallait présenter à ces jeunes gens la charité sous un jour aimable; il fallait compter avec la légèreté de leur âge; il fallait leur rendre les réunions agréables, stimuler, entretenir leur zèle, assurer leur régularité dans la visite des pauvres et dans l'assistance à nos assemblées. A cette tâche, la Villesboisnet s'attacha et réussit admirablement. Sa bonne grâce, sa bienveillance charmante, sa ponctualité et sa régularité, son soin extrême à préparer les séances garantirent de suite le succès de la Conférence et le maintinrent toujours. Les petites questions qui se présentaient, étaient examinées en détail mais sans fastidieuse lenteur; les membres étaient questionnés, encouragés à parler. C'était le moyen de les intéresser à l'œuvre. De temps en temps, le président réunissait le bureau de la Conférence, pour se mettre en rapports plus intimes avec ses principaux collaborateurs, rechercher avec eux ce qu'il était opportun de faire, leur communiquer quelque chose de son zèle. Il invitait même parfois tous les confrères de Saint-Pierre-Saint-Paul à venir passer la soirée chez lui. On se voyait, on se connaissait, on causait plus librement que dans les réunions officielles; les anciens se rapprochaient des jeunes confrères qui prenaient avec eux les habitudes de bonne camaraderie. Combien de saintes amitiés se sont ainsi nouées sous l'égide de la charité, sous les auspices de la Villesboisnet.

» Le grand souci des œuvres, c'est la question des finances. On est généreux à Paris; mais il faut demander et savoir demander. Il faut notamment savoir choisir des dames quêteuses; et ce n'est pas chose facile, quand il y a tant d'œuvres qui les sollicitent; c'est chose plus malaisée encore, pour une Conférence dont les membres sont des jeunes gens qui ont peu de relations dans le monde de Paris. C'était la Villesboisnet qui avait à résoudre chaque année ce problème. A combien de portes devait-il frapper; mais rien ne le rebutait; il était de ceux pour qui une position distinguée n'est qu'un moyen de plus de faire le bien.

» Quant à lui, il donnait avec autant de générosité que de modestie. A l'une des premières séances, le trésorier ayant fait la quête d'usage, trouva une pièce de 20 francs au milieu des pièces blanches. Croyant à une erreur, qui aurait pu être lourde pour la petite bourse d'un confrère — presque tous étant de jeunes étudiants — il demanda si par hasard quelqu'un ne s'était point trompé. Personne ne répondit; mais le trésorier comprit, au bon et fin sourire de la Villesboisnet, d'où venait la pièce jaune. Depuis lors, à chaque séance où assista le président, le trésorier fit la même découverte. »

Du reste, ce n'était pas seulement aux pauvres gens secourus par elle, que la Conférence Saint-Pierre-Saint-Paul rendait de grands et inappréciables services. M. de la Villesboisnet le constatait ainsi en 1883 : « Dire tout le bien procuré par la Conférence aux membres qui en ont fait partie depuis dix ans, serait chose impossible. Il faudrait pour cela lire dans les consciences, pénétrer le secret des âmes, ce qui n'appartient qu'à Dieu. Mais en parcourant la liste déjà longue de ceux de nos confrères qui ont quitté nos humbles travaux pour embrasser une vie plus sainte, en les retrouvant sous la soutane du prêtre, sous l'habit du religieux, dans la Congrégation des Frères de Saint-Vincent-de-Paul, dans la grande famille de saint Ignace, ne devons-nous pas bénir la Providence, et la prier de prélever toujours, comme le disait si bien un de nos secrétaires, jésuite aujourd'hui, le tribut annuel de la Conférence pour Dieu » (page 17).

Est-il besoin d'ajouter que, depuis 1883, la Conférence a continué d'étendre ses conquêtes, grâce au fondateur lui-même qui en est demeuré l'âme ? Il avait déjà élargi son influence, par la création d'une école, puis bientôt d'un patronage. Touchant ces deux œuvres nouvelles de M. de la Villesboisnet à Plaisance, nous possédons les renseignements que nous a transmis le plus autorisé de ses collaborateurs, M. l'abbé Lesêtre, alors premier vicaire à Notre-Dame de Plaisance et actuellement curé de Saint-Etienne-du-Mont.

« Il n'existait, écrit M. Lesêtre, dans ce quartier de faubourg, qu'une petite école de Frères Maristes, dont l'avenir était mal assuré. M. de la Villesboisnet comprit aussitôt que, pour procurer l'éducation chrétienne au plus grand nombre d'enfants possible, il fallait établir cette école sur des bases plus solides et plus larges. Il se fit le promoteur d'un comité destiné à recueillir les ressources nécessaires. Il fut, comme il l'était partout, la cheville ouvrière de ce comité, multipliant les démarches, organisant les sermons de charité et les quêtes à domicile, sollicitant le concours des dames quêteuses (1). Par ses soins l'école Saint-Joseph a pu être fondée régulièrement, et depuis elle continue à prospérer avec ses propres moyens. Elle compte 200 élèves.

» Presque en même temps, M. de la Villesboisnet désira pour le quartier la faveur d'un patronage de garçons. Grâce à une entente facile avec le curé de la

---

(1) Ajoutons, ce n'est que justice, qu'il y eut aussi un Frère quêteur. M. de la Villesboisnet avait dressé, avec l'aide d'un ami, une liste de personnes charitables, et, muni de cette liste, le bon Frère Tolantin, véritable pèlerin apostolique, allait tendre la main aux endroits indiqués. Un jour, il est introduit auprès d'un monsieur que sa visite inattendue impatiente et qui le reçoit en termes peu courtois.

— Monsieur, répond le Frère Tolantin, les paroles un peu vives que vous venez de prononcer, sont pour moi. Pour mon école maintenant, que me donnerez-vous ?

Surpris de cette sérénité d'âme, l'excellent homme se radoucit, change de ton, donne 20 fr. pour l'école et y joint de bonnes paroles qui effacent les premières.

paroisse (1) et avec les Frères Maristes, un patronage fut établi dès 1878 dans le local même de l'école Saint-Joseph. Les enfants y vinrent en bon nombre. Mais le fondateur tenait moins au nombre qu'à la qualité des adhérents; et il voulut, avec une ardeur toute juvénile, prendre une part active à la direction et formation de ses patronnés. Entouré de quelques jeunes gens de la Conférence Olivaint, il arrivait le dimanche et le jeudi au milieu de ses chers enfants, se mêlait à leur jeux, traitait avec eux comme avec les représentants du meilleur monde; sans que sa distinction native nuisît en rien à sa parfaite bonté. Il était surtout admirable quand, à la fin de la journée, il réunissait son petit monde, pour lui donner ses avis paternels. La Bretagne revenait souvent dans ses dires, mais on ne s'en plaignait pas. Une foi profonde animait d'ailleurs sa parole; et les conseils de piété, de bon ordre, de bonne conduite, émanant d'un tel homme produisaient les meilleurs effets.

» Peu à peu, il céda la direction de l'œuvre à de plus jeunes. Mais il apparaissait toutes les fois qu'il pouvait; et chacune de ses apparitions était saluée par des cris de joie; sa présence animait à la fois dirigeants et dirigés. Il prenait encore la parole, de temps en temps; et quand il ne parlait pas, sa seule attitude à la chapelle pendant la petite instruction et la bénédiction du Saint-Sacrement, ou parfois à une messe de communion, produisait une édification extraordinaire.

(1) M. l'abbé Quignard, aujourd'hui curé de Saint-Louis d'Antin.

» En 1884, l'occasion se présenta d'acquérir un terrain contigu à l'école Saint-Joseph; et sur lequel il serait possible de bâtir une nouvelle école. M. de la Villesboisnet vit dans ce projet d'acquisition le développement naturel et nécessaire de la première œuvre. Il y donna son plein assentiment; et l'école fut construite. Il eut pour coopérateur en cette affaire M. l'abbé Guignard, curé de Plaisance. En souvenir des deux bienfaiteurs, la nouvelle école reçut le nom de leur commun patron, saint Louis. Là fut transporté aussitôt le patronage; et c'est là que M. de la Villesboisnet le vit dans toute sa prospérité. Il y venait souvent; et, jusque dans ces dernières années, il profitait de tous ses passages à Paris pour revoir son patronage Saint-Louis; alors même que l'effectif des premiers temps était totalement remplacé. L'empreinte laissée par ce grand chrétien sur beaucoup de ces enfants a été profonde. Devenus des hommes, ils n'ont garde d'oublier celui qui a été si bon pour eux.

» A plusieurs reprises, M. de la Villesboisnet voulut avoir à Treulan les plus grands de ses patronnés. C'était une fête, un an à l'avance. On économisait les fonds nécessaires au voyage; on se conduisait en conséquence. Enfin l'on partait à douze ou quinze; on voyageait toute la nuit; et, le lendemain, à 10 heures, on tombait dans les bras de l'hôte charitable, à Sainte-Anne-d'Auray, où l'on entendait la messe et où l'on faisait la sainte communion. C'était un sérieux pèlerinage. Puis venait le tour du plaisir, la réception au château, les hommages, quelquefois bruyants, accompagnés de chants et de feux d'artifice, à Mme de la Villesboisnet si bonne et si accueillante, puis aux vénérables parents du châtelain; les excursions, qui se faisaient à pied avant la construction du chemin de fer, à Auray, Carnac, Brech, etc.; le retour en chantant; le souper sous les grands arbres de la ferme, où les voyageurs recevaient la visite de M. le comte de la Villesboisnet père de leur hôte; enfin le coucher dans la grande chambrée des communs. Et ainsi pendant trois jours. C'était pour nos petits et grands Parisiens, plus que de la joie; c'était du bonheur. Ils se sentaient chez eux; tant on mettait de cœur et d'exquise simplicité à les recevoir; tous emportaient de ces voyages un souvenir plein de reconnaissance.

» Trois ou quatre de ces pèlerins sont déjà morts, de la mort la plus chrétienne. Ils avaient toujours le nom de M. de la Villesboisnet sur les lèvres. D'autres sont des hommes de 25 à 30 ans, encore fidèles à garder sa mémoire et à suivre ses conseils. »

Entre Plaisance et Malakoff, il n'y a qu'un pas, ou plutôt il n'y a que les murs et le fossé des fortifications. En 1875, M. l'abbé Salard, premier pasteur de cette paroisse toute neuve, bien déshéritée à tous égards, mais richement peuplée de « nouméens, » souhaita pour ses ouailles une Conférence sur le modèle de celle de Plaisance. Il vint donc solliciter auprès du R. P. Hubin, directeur de la réunion de la rue de Sèvres, le concours de ses jeunes gens (1). L'appel fut entendu; un chef, c'est-à-dire un président de conférence fut trouvé; ou, plus exactement, il se trouva lui-même. Ce fut Ludovic de la Villesboisnet qui s'en alla, suivant sa guerrière expression, avec une escorte de plusieurs confrères, « au-delà des fortifications, planter l'étendard de Saint-Vincent-de-Paul sur la paroisse de Malakoff. »

L'apparition de ces messieurs bien mis au milieu de cette population des frontières parisiennes fut quelque chose comme un événement. On les prit même tout d'abord pour des agents de la police secrète; mais on s'aperçut promptement que leurs descentes, ou montées, à domicile apportait plus de joie que de motifs de crainte; et les préjugés tombèrent vite.

Quand la loi du 28 mars 1882 eut rayé l'enseignement du catéchisme des programmes officiels, M. de la Villesboisnet, devenu le protecteur attitré des écoles catholiques, organisa les catéchismes dans ces régions lointaines de la capitale; premièrement dans les pauvres maisons de ce faubourg, où les confrères allaient faire

---

(1) M. de la Villesboisnet a rendu un bel hommage à ce jésuite, son ami, qui fut le vrai créateur « des conférences de médecine, de droit, de philosophie, de littérature et d'histoire » pour les jeunes gens de la conférence Olivaint, et que son dévouement pour la jeunesse ravit si tôt à leur affection. — « Nous venons de nommer le R. P. Hubin, disait M. de la Villesboisnet, le 8 décembre 1883 ; cet apôtre infatigable, ce saint religieux, ce prêtre tout à la fois si sage dans ses conseils, si aimable dans ses rapports, sachant si bien unir l'esprit à la charité, Dieu nous l'avait donné, Dieu nous l'a repris. Inclinons-nous devant les décrets de sa providence, mais n'oublions jamais les salutaires enseignements de celui que nous pleurons. »

(*Les dix premières années*, etc., page 5).

réciter la leçon aux enfants des familles secourues; puis dans une salle d'école libre. — « Le jeudi, à quatre heures, six ou huit membres de la Conférence réunissent une cinquantaine de petits garçons, de sept à dix ans, dans une des salles de l'école libre dirigée par les Sœurs, rue des Croisades, 12. Chaque catéchiste environné de son petit groupe, composé d'enfants de même force, leur apprend à faire le signe de la croix, à réciter le *Pater* et l'*Ave*, le *Credo* et le *Confiteor*, ou, s'ils sont un peu moins ignorants, les premiers chapitres du catéchisme » (page 27).

Au début du XXe siècle, les œuvres de Plaisance, conférence, école, patronage, sont, ainsi que leur *essaim* de Malakoff, vivantes et fécondes; elles ont gardé l'impulsion que leur donna l'homme de foi et de volonté, qui les a fait naître, qui les fit grandir. Un membre de la Conférence Saint-Pierre-Saint-Paul dont nous avons, dans ce chapitre, invoqué le témoignage, signale la vitalité de ces fondations, en ces termes où transparaît, à travers les lignes du chroniqueur, l'affectueuse admiration du compagnon d'armes :

« A son exemple, se formèrent des auxiliaires qui, imbus de ses principes, purent le suppléer quand il fut retenu longtemps chaque année en Bretagne. Mais même de loin, il était toujours le président en qui on avait confiance, qu'on était heureux de revoir, qu'on attendait pour régler les questions importantes. Et quand Ludovic, de plus en plus retenu en Bretagne, de plus en plus absorbé par ses nouvelles entreprises, ne fit que de courts séjours à Paris, les œuvres qu'il avait créées avaient jeté de fortes racines; elles ont toujours prospéré.

» La Villesboisnet a commencé de montrer sur ce petit théâtre les admirables qualités qui ont été ses caractéristiques et qui lui ont valu, avec la grâce de Dieu à laquelle il était si fidèle, tant de succès dans ses œuvres, tant d'attachements inaltérables chez ceux qui l'ont connu. Un dévouement sans bornes, une modestie que rien ne troublait, une ténacité pour le bien que rien ne lassait, une souplesse et une justesse d'esprit qui en eussent fait le plus habile diplomate, une bienveillance qui ravissait les cœurs des hommes, une piété solide, aimable, profonde, qui a dû ravir le cœur de Dieu. »

VI

TREULAN

En 1874, M. le comte Arthur de la Villesboisnet et son fils Ludovic achetaient la propriété de Treulan en Pluneret, à l'extrémité du plateau de Sainte-Anne et à une demi-lieue de la Basilique, au cœur de la Bretagne, au pays de la foi et des souvenirs, dans ce coin de terre mystérieuse et bénie sur laquelle rayonne, du haut de sa tour de granit, la statue dorée de la glorieuse Patronne *Santez Anna*.

Le château s'élève ou s'enchâsse dans la verdure des pelouses et des arbres, entre des massifs de lauriers et de magnolias, et un bois de sapins, puis une sorte de muraille à pic, formée de blocs géants entassés les uns sur les autres, dominés par des chênes et d'autres arbres de haute futaie. Vers la gauche, voici la route qui va de Brech à la Basilique et à la Scala Santa; vers la droite, c'est le monument touchant et national du comte de Chambord. A travers les bois, les rochers, les landes, voici le torrent du Loch ou Tréauray, qui court et qui longe le Champ des Martyrs de sanglante mémoire. Là-bas, c'est la chapelle funèbre, encadrée de sapins noirs,

et qui dit les deux mots pleins de larmes : *Hic cccide-
runt*. En regard, c'est le plateau de Kerzo où se joua,
en 1364, entre Blois et Montfort, le sort de la Bretagne.
D'un côté, s'étend le marécage où le pieux duc Charles
s'aventurant trop hardiment tomba blessé à mort; de
l'autre côté, l'endroit fatal où messire Bertrand du Guesclin rendit à l'anglais Chandos sa victorieuse épée.

N'avons-nous pas raison d'écrire que c'est là en vérité
le cœur de la Bretagne, et que les nouveaux châtelains
de Treulan, chrétiens et bretons, avaient été bien inspirés
dans leur choix.

Si nous écrivions une biographie complète, il y aurait
lieu d'étudier plus au long, chez le jeune propriétaire de
Treulan, les idées et les méthodes de l'agriculteur; car
il fut agriculteur; et, comme nous l'avons répété, s'il se
mettait à tout, il ne faisait rien à demi. Notons du moins
qu'avant son arrivée, l'ancien possesseur de Treulan
avait essayé d'y entreprendre la grande culture. Mais,
faute de se rendre un compte exact des choses du pays
et de la nature du sol, il avait échoué. Le premier soin
de MM. de la Villesboisnet fut de tout remettre en état;
par conséquent, de revenir au vieux système breton, le
seul rationnel en cette contrée, qui est de diviser l'ex-
ploitation en fermes; en demandant au terrain autant
qu'il peut produire, mais non point davantage; enfin
— considération qui doit tenir le premier plan dans les
vues d'un grand propriétaire chrétien — d'attacher les
fermiers et les paysans à la terre qui les a vus naître,

qui leur assurera une vie honorable, autour du clocher, à l'ombre de la croix.

M. de la Villesboisnet voulut marquer de ce signe de Dieu son domaine de Treulan ; il planta une grande croix sur les rochers qui dominent les landes d'alentour. La croix fut bénie par M. le recteur de Pluneret, en présence des fermiers et autres braves gens du pays, convoqués pour la pieuse cérémonie. C'était comme l'affirmation des droits de Dieu sur cette terre et sur toutes les âmes qui devaient y vivre.

A titre de principal agriculteur du lieu, M. de la Villesboisnet fit plus que de donner l'exemple aux cultivateurs de Pluneret. Il les unit, il les aida. Dans cette double vue, il institua, sous le nom de *Société de Saint-Joseph*, une corporation agricole dont le centre vital est l'église de la paroisse, dont les membres sont à la fois des chrétiens pratiquants et des travailleurs du sol. Ils se réunissent, pendant la saison d'hiver, une fois par mois; assistent le matin à une messe qui est dite pour eux, et le soir, entendent une allocution sur leurs devoirs, par le recteur ou le vicaire. Leur devoir essentiel est de faire acte de chrétien, puis de mettre en commun leurs efforts et leur intelligence pour activer les progrès de l'agriculture dans leur pays. Les fonds de la caisse corporative, provenant des cotisations de chacun et des dons particuliers, leur assurent d'abord la visite gratuite d'un médecin pour eux-mêmes et leur famille; ils servent ensuite à l'achat d'instruments agricoles qui sont et demeurent la propriété de la corporation. La Société Saint-Joseph est aujourd'hui dans les meilleures conditions et compte une trentaine de membres. De leurs trois fêtes religieuses, la principale est, comme de juste, la fête de saint Joseph leur patron; il y a par an, pour chacun des membres, trois communions de règle ou d'usage.

Même durant ses séjours à Paris, M. de la Villesboisnet songeait au syndicat agricole de Pluneret; il n'hésitait pas à faire un trajet de 150 lieues pour venir prendre part aux réunions; il ne ménageait ni le temps, ni l'argent, pour encourager sa chère confrérie de cultivateurs bretons.

A Treulan, il était loin de sa conférence de Plaisance; mais la charité du confrère de Saint-Vincent-de-Paul ne chômait pas. Il avait à sa porte la conférence du village de Sainte-Anne, dont son père fut le président pendant une vingtaine d'années. Après sa mort, le fils recueillit cet héritage, et présida la conférence de Sainte-Anne, avec l'exactitude, l'édification, la cordialité confraternelle, dont il portait partout l'exemple.

Bientôt son action s'étendit au delà du cercle pittoresque des champs, des bois, des rochers et des landes de Treulan. Mais pour n'avoir pas à y revenir, signalons tout de suite deux ou trois œuvres dont la ville de Vannes lui est redevable; un peu plus loin, nous parlerons de l'école des Frères, du collège Saint-François-

Xavier, de la pension du Sacré-Cœur; nommons ici l'Œuvre militaire et la Salle Saint-François.

L'ancien lieutenant de 1870, qui avait pris un soin tout paternel de l'âme des soldats, ne pouvait se désintéresser des œuvres militaires où, après une journée, parfois une semaine de corvées à la caserne, les hommes viennent se reposer dans une atmosphère morale de joie saine et de prière. Ce fut M. de la Villesboisnet qui créa la Société civile de l'œuvre vannetaise du Champ-Gauchard. Puis, après avoir acheté le terrain et assuré la propriété du local, il mit l'ordre dans les finances; enfin il choisit une active légion de dames quêteuses, chargées d'alimenter la caisse. On quête beaucoup dans le diocèse de Vannes, nous en aurons d'autres preuves; mais chacun sait que là où les dames tendent la main, elles ont le secret de multiplier l'aumône ou de réveiller la charité qui s'endort. Nous pourrions dire que M. de la Villesboisnet fit plus encore pour le cercle militaire. Il voulut que l'un de ses fils ayant à faire son service dans un des régiments de Vannes, fréquentât l'œuvre du Champ-Gauchard, en compagnie des braves paysans bretons; il se chargea de l'introduire au cercle et de le présenter lui-même à l'aumônier.

On réclamait aussi à Vannes une Salle des œuvres. Une généreuse chrétienne, Mlle Françoise-de-Borgia Geanno, ayant offert à Mgr Bécel une somme de 20,000 francs, l'emploi en fut rapidement trouvé, et l'organisateur plus rapidement encore. Mgr Bécel eut recours à M. de la Villesboisnet; et la Salle, dite Saint-François du nom de la bienfaitrice, fut aménagée au mieux pour tous les groupes qui s'y donnent rendez-vous : conférences diverses, réunions, fêtes dramatiques et musicales. Tout fut réglé et mis au point par cet architecte aussi expert qu'expéditif et peu coûteux, à qui n'échappait aucun détail d'installation — fût-ce même d'un théâtre.

Mais, à partir de 1878, M. de la Villesboisnet fut, pour tout le pays, l'apôtre, le soldat de l'éducation chrétienne, le défenseur de l'enfance baptisée, que menacent les lois sectaires élaborées dans les Loges, votées et exécutées par un pouvoir vendu à la franc-maçonnerie. Il a bataillé contre ces lois pendant plus de vingt ans; et comme l'écrivait, au lendemain de sa mort, un curé du diocèse de Vannes, à Mme la comtesse de la Villesboisnet, « son souvenir restera gravé dans l'histoire de la lutte de l'enseignement chrétien contre l'école sans Dieu et ennemie de Dieu. »

VII

LES ÉCOLES LIBRES

Pour ces lois, préparées de longue main par les sociétés secrètes, on avait inventé, depuis 1871, la formule hypocrite et sonore de l'école *gratuite, laïque* et *obligatoire.* Dès la première heure, tous les hommes clairvoyants de France en avaient saisi l'infernale portée. Dès cette époque, l'ami et l'intime confident de Mgr Pie écrivait, en quelque sorte, sous la dictée du grand évêque de Poitiers : « Tout parent envoyant ses enfants à ces écoles, d'où Dieu est officiellement banni, est en train de perdre son âme ; » et il souhaitait que les chefs de l'Eglise de France eussent la sainte hardiesse de déclarer ce péril « tout haut et à tous (1). »

Par malheur, quand le moment de lutter fut venu, on hésita, on se divisa, on fit des concessions ; et ce fut le commencement du désarroi qui nous achemina vers la ruine. Malgré le retentissant cri de haine de l'avocat porte-voix des Loges contre le *cléricalisme;* malgré l'affirmation de Jules Ferry : « Nous ne voulons pas faire une loi *neutre* et je n'éprouve aucun embarras à déclarer

(1) Mgr Gay, *Correspondance*, T. II, page 186.

que nous faisons une loi *athée* (1), » beaucoup d'honnêtes gens furent lents à comprendre. Tout le monde ne vit pas qu'il fallait faire tête sur toute la ligne, et, coûte que coûte, sauver l'âme des enfants. Les ennemis de l'Eglise savent trop bien que, suivant le mot d'un des leurs, « qui est le maître de l'enseignement est maître de l'avenir ; » et, pour s'emparer de l'enseignement, ils jouèrent l'avenir de la France. A peine se rencontra-t-il un père de famille, un ancien condisciple de M. de la Villesboisnet au collège Saint-François-Xavier, pour résister à cette loi de haine, en se faisant condamner à la prison.

Aujourd'hui, seulement, les meilleurs esprits mesurent l'abîme creusé par ce déplorable abandon des principes ; et à l'heure où nous racontons la lutte menée par un vrai chef d'avant-garde, voici qu'un prince de l'Eglise proclame que l'aveuglement des catholiques a été beaucoup plus qu'une faute (2) :

« Quand l'opinion publique, dit-il, s'est rendu compte des premiers coups ostensiblement portés à la société et à la patrie, par les laïcisations scolaires de 1880, elle n'a vu dans cette confiscation violente d'un droit sacré de la famille qu'un accident, une mesure tracassière et inutile dirigée contre les Frères et les Sœurs des écoles. Elle n'en a pas compris la portée. Elle n'a pas cru à sa durée. Mais, à ce moment déjà, le mal était profond. Le plan était arrêté. La franc-maçon-

(1) Cité par M. de la Villesboisnet, dans le bulletin de la *Fête des écoles*, 1896, page 16.

(2) Cardinal Langénieux, *Lettre pastorale*, février 1902.

nerie avait son programme. Elle savait ce qu'elle voulait. Elle avait de longue main préparé le terrain et pris position au Parlement.

» Depuis, on l'a vue à l'œuvre. L'une après l'autre, les résolutions sectaires élaborées dans les Loges se sont affirmées dans les discussions parlementaires, et le vote des assemblées législatives les a fait passer dans nos lois...

» Nous avons sur ce point vingt années d'expérience. Les résultats sont là sous nos yeux, et nous ne sommes pas les seuls à constater avec inquiétude la marche ascendante de la dépravation chez les jeunes, la précocité du vice, le chiffre toujours grossissant des criminels de 15 à 20 ans. »

Or, ce sera la gloire de M. le comte Ludovic de la Villesboisnet, d'avoir sur-le-champ compris la tactique des ennemis, d'avoir maintenu la croix à sa place d'honneur dans l'école, *in capite libri;* comme ce fut le grand mérite de Mgr Bécel, évêque de Vannes, d'avoir combattu au premier rang pour la liberté sainte de l'enfance chrétienne. Il disait, en 1889, aux petits écoliers rassemblés autour de lui dans sa cathédrale :

« A votre âge, il nous fut donné d'apprendre à lire dans un tout petit livre nommé *Syllabaire* et dont le premier caractère était une croix. Avant de prononcer la première lettre de l'alphabet, notre maître nous faisait mettre le doigt sur la croix, former sur nous le signe de notre rédemption. On voudrait changer cela. Demeurons fidèles aux pieuses coutumes de nos pères. Que le nom de Dieu soit prononcé par nous le premier de tous, avec un profond respect. Que la croix de Dieu protège vos écoles et vous rappelle vos devoirs de chrétiens (1). »

M. de la Villesboisnet fut, en Bretagne, le chevalier de cette *croix de par Dieu;* il a répondu à la tyrannie des lois scolaires de 1880, par la création, la défense, l'entretien de CENT CINQUANTE ÉCOLES LIBRES, qu'il laisse en pleine vitalité et prospérité ; et, le jour de ses funérailles, en face de l'autel, au milieu des prêtres accourus de toutes parts pour rendre hommage au bienfaiteur qu'ils pleuraient, Mgr Latieule a pu dire avec autant de vérité que d'éloquence :

« Ne vous semble-t-il pas entendre des milliers d'enfants et d'innombrables familles, murmurant avec reconnaissance le nom de M. le comte Ludovic Espivent de la Villesboisnet ?... C'est par centaines, c'est par milliers, qu'il a contribué à sauver des âmes qui resteront fermes, grâce à son zèle et à son dévouement.

« Il est mort pour elles. »

Sans froisser personne, mais avec la certitude de n'être démenti par personne, on peut affirmer aujourd'hui qu'il n'y a pas en France un diocèse mieux organisé pour la défense scolaire que le diocèse de Vannes. Aux environs du 1ᵉʳ janvier 1902, un religieux missionnaire demandait à un énergique et zélé recteur de Bretagne, d'où venait qu'en tel ou tel endroit les œuvres scolaires avaient l'air de languir. Et le digne prêtre se hâta de répondre :

(1) Bulletin de la *Fête des écoles,* 1889, pages 2 et 3.

« C'est qu'on n'a point partout, comme dans le Morbihan, un M. de la Villesboisnet. »

Si, dans chaque diocèse, il s'était trouvé un homme d'une foi aussi entreprenante, d'une volonté aussi intrépide, ajoutons et d'une science juridique aussi compétente, presque toute l'enfance chrétienne aurait pu échapper aux influences lamentables de l'école *sans Dieu.* C'est la réflexion d'un juge autorisé en ces matières, M. Léon de Crouzaz-Crétet : « A quels résultats, dit-il, ne serait-on pas arrivé, si, dans chaque diocèse de France s'était trouvé un chrétien animé d'une semblable ardeur et résolu à entreprendre une tâche aussi méritoire (1). »

Il commença en 1878. — « Ce fut, raconte-t-il luimême, dans les derniers mois de 1878, qu'eut lieu la première tentative d'organisation en vue de protéger les écoles chrétiennes du Morbihan.

« Alors la gratuité absolue, la laïcité et l'obligation de l'enseignement primaire n'étaient qu'à l'état de programme ; mais déjà une guerre sourde et hypocrite avait été inaugurée contre les écoles dirigées par des congréganistes. Il importait donc grandement de faire connaître aux intéressés les moyens de défense que leur fournissait encore une législation sans cesse modifiée contre eux, et pour cela de mettre à leur disposition les lumières d'hommes compétents toujours prêts à étudier les questions qui leur seraient soumises (2). »

(1) Bulletin de saint J.-B. de la Salle, janvier 1902 : *M. le comte L. Espivent de la Villesboisnet.*

(2) Bulletin de la *Fête des écoles,* 1885, page 4.

L'organisation définitive d'un Comité de défense religieuse et scolaire date du 27 octobre 1879. A la fin d'une réunion tenue au château de Limoges, près Vannes, chez M. le comte Le Mintier de Léhélec, on arrêta les points essentiels de ladite défense et du Comité, dont M. de la Villesboisnet ne voulut accepter que le titre de secrétaire. Secrétaire, il pouvait sans s'imposer nulle part, prendre à sa charge toutes les responsabilités, s'obliger à toutes les corvées et ne réclamer ni une préséance quelconque, ni aucun de ces témoignages publics de vénération ou de gratitude, qu'il renvoyait, comme de droit, au président ou à d'autres collègues en dévouement.

Quelle était cette fonction de secrétaire, dont il revendiqua modestement pour lui les attributions? On pourra s'en faire quelque idée et juger qu'elle ressemblait de fort loin à une sinécure, en relisant le programme qu'il avait, dès les premiers jours, esquissé pour le Comité dont il était l'âme. Le voici en une demi-douzaine de lignes, dont chaque membre de phrase suppose le travail d'une administration complète; mais cette administration comprenait avant tout, pour ne pas dire uniquement, le secrétaire lui-même :

« Recueillir des fonds et les distribuer ; donner des consultations ; étudier les lois nouvelles ; travailler au rétablissement du traitement, arbitrairement supprimé, de MM. les Vicaires ; encourager l'enseignement du catéchisme et faire une enquête générale sur toutes les écoles du Morbihan ; tels sont les points principaux sur lesquels ont porté les efforts de l'œuvre (1). »

Le secrétaire porta ses efforts sur tous ces points principaux — sans compter un certain nombre de points secondaires — et il y suffit pendant vingt-deux ans.

Mais avant de considérer à la besogne M. de la Villesboisnet organisateur de l'enseignement libre, il convient d'apprendre de lui quels principes le faisaient agir, quel but il voulait atteindre ; ce que c'était à ses yeux qu'une école ; quelle haute idée sa foi lui inspirait du maître chrétien et de l'éducation d'une âme d'enfant. Sa doctrine touchant ces graves questions, ou, plus simplement, ses remarques motivées, il les consigna, vers la fin de sa vie, dans une étude toute personnelle, où il fixe et résume ses vues sur l'école primaire. Qu'on nous permette de grouper ici quelques extraits de ce travail; en particulier, divers passages, où il appuie, sur des autorités incontestées, la nécessité de l'instruction religieuse à l'école ; où, par suite, il condamne, avec l'Eglise, cette invention toute moderne, véritable chef-d'œuvre de la franc-maçonnerie, qui s'intitule l'école *neutre* :

« Si, à certaines heures, l'esprit de l'enfant doit être principalement appliqué à l'étude de la foi, il est pourtant nécessaire que, pendant le cours de ses classes, son attention soit constamment ramenée vers son Créateur et que l'idée religieuse vivifie tous ses travaux.

(1) Bulletin de la *Fête des écoles,* 1885, page 4.

» Cette conception de l'instruction primaire a toujours été celle de l'Église...

» Elle a été pareillement celle de plusieurs grands universitaires du milieu de notre siècle. M. Guizot, par exemple, quoique protestant, la traduisait ainsi :

« *Pour qu'elle soit vraiment bonne et socialement utile, il faut que l'instruction populaire soit profondément religieuse..*

» *Il faut que l'éducation populaire soit donnée et reçue au milieu d'une atmosphère religieuse, que les impressions et les habitudes religieuses y pénètrent de toutes parts.* »

(Mémoires pour servir à l'histoire de mon temps ; T. III, chap. XVI).

» M. Cousin, que personne n'a jamais soupçonné de cléricalisme, ajoutait :

« *Que le curé surveille toutes les parties de l'instruction et non pas seulement le développement du catéchisme ; car, en apprenant à lire, on peut donner aux enfants de mauvaises doctrines.* »

(Les Débats de la Commission de 1849, par H. de Lacombe, page 53).

« **Plus** cette vérité a été méconnue, et plus les Pontifes romains se sont attachés à la défendre, multipliant dans ce but leurs condamnations contre les écoles qui mettent en danger la foi des enfants, non seulement par un enseignement antireligieux, mais même par un enseignement simplement neutre...

» Ainsi Pie IX, dans sa lettre à l'évêque de Fribourg, 14 juillet 1864 :

« *Ceux qui prétendent faussement que l'Église doit abdiquer ou suspendre son pouvoir modérateur et son action salutaire sur les écoles publiques, demandent en réalité de violer les commandements de son divin auteur et de renoncer à l'accomplissement du devoir que Dieu lui a imposé de procurer le salut de tous les hommes. Dans tous les lieux et dans tous les pays où l'on formerait et surtout où l'on exécuterait le pernicieux dessein de soustraire les écoles à l'autorité de l'Église, et où la jeunesse serait, par suite, misérablement exposée au danger de perdre la foi, ce serait très certainement pour l'Église une obligation rigoureuse, non seulement de faire tous ses efforts pour procurer à cette jeunesse l'instruction et l'éducation qui lui sont nécessaires, mais encore d'avertir tous les fidèles et de leur déclarer que l'on ne peut en conscience fréquenter de telles écoles instituées contre l'Église catholique. »*

« ... Léon XIII, dans l'Encyclique *Nobilissima Gallorum gens*, 8 février 1884 :

» *Il faut que les parents chrétiens veillent avec le soin le plus extrême à ce que leurs enfants, dès qu'ils sont à même de comprendre, reçoivent l'instruction religieuse, et à ce que rien, dans les écoles, ne puisse porter atteinte à leur foi et à leurs mœurs... L'Église qui, en vertu de l'autorité qu'elle tient de Dieu son fondateur, doit attentivement surveiller l'instruction et l'éducation des enfants placés par le baptême sous sa puissance, a toujours formellement condamné les écoles appelées mixtes ou neutres; elle a maintes fois averti les parents d'avoir à demeurer, sur ce point essentiel, toujours vigilants.* »

« ... Dans la lettre encyclique aux archevêques et évêques du Canada, 8 décembre 1897 :

« *Il ne saurait être permis à nos enfants d'aller demander le bienfait de l'instruction à des écoles qui ignorent la religion ou qui la combattent positivement, à des écoles où sa doctrine est méprisée et ses principes fondamentaux répudiés. Que si l'Église l'a*

*permis quelque part, ce n'a été qu'avec peine, et en entourant les
enfants de multiples sauvegardes qui, trop souvent d'ailleurs, sont
reconnues insuffisantes pour parer au danger. Pareillement il faut
fuir à tout prix, comme très funestes, les écoles où toutes les
croyances sont accueillies indifféremment et traitées de pair,
comme si, pour ce qui regarde Dieu et les choses divines, il importait peu d'avoir ou non de saines doctrines, d'adopter la vérité
ou l'erreur.*

*« Vous êtes loin d'ignorer, vénérables Frères, que toute école de
ce genre a été condamnée par l'Église, parce qu'il ne se peut rien
de plus pernicieux, de plus propre à ruiner l'intégrité de la foi, et
à détourner les jeunes intelligences du sentier de la vérité. »*

Après ces textes, et d'autres encore, d'une autorité
souveraine, M. de la Villesboisnet dresse une longue liste
des ordonnances, décrets, statuts des conciles provin-
ciaux et des évêques de l'ancienne France, touchant la
tenue des *petites écoles*, c'est-à-dire des écoles de paroisse. Par où l'on voit que, sous l'ancien régime, l'Eglise
exerçait un contrôle absolu sur l'enseignement et sur les
maîtres ; et que, par exemple, « aucun maître n'était
admis à professer, sans avoir justifié au préalable de connaissances religieuses suffisantes et surtout d'une parfaite
orthodoxie. »

M. de la Villesboisnet rappelle, entre autres, le nom et
le souvenir d'un prêtre qui lui est doublement cher, le
grand vicaire de Vannes, M. de Kerlivio, pour qui l'instruction de l'enfance chrétienne était un devoir pri-
mordial du clergé.

N'est-ce point le cas de rappeler qu'on décerna bientôt

à M. de la Villesboisnet le titre de « grand vicaire laïque » du diocèse édifié jadis par les vertus et remué par l'apostolique vigueur de M. de Kerlivio ?

Aussi, en regard des institutions du passé, des maternelles attentions de l'Eglise à l'endroit des enfants, des franchises qui lui étaient octroyées et garanties par l'Etat chrétien, quelles saintes indignations inspirent au protecteur des écoles, les odieuses tracasseries d'un gouvernement qui s'acharne à déchristianiser la France, et « l'œuvre néfaste des sectaires qui sont parvenus à nous imposer l'*école sans Dieu*, » œuvre progressive qui a ainsi marqué ses sacrilèges étapes :

« 1° La loi du 16 juin 1881, dans son article Ier, a supprimé le droit de tenir école sans brevet, reconnu au prêtre par la loi de 1850;

» 2° La loi du 28 mars 1882 a consommé, pour l'enseignement primaire public, la séparation de l'Eglise et de l'Etat, en bannissant l'enseignement religieux du programme des écoles communales ;

» 3° Enfin la loi du 30 octobre 1886 a fermé, par son article 9, la porte de l'école publique au curé de la paroisse et au père de famille, les deux seules autorités qui tiennent du droit naturel le pouvoir et le devoir de contrôler l'enseignement donné à leurs enfants. »

Et quelle est la conséquence logique, fatale, palpable, d'un pareil état de choses et de ces lois de haine qui, « sous le nom trompeur de neutralité, empêchent l'enfant de s'approcher du Dieu qui l'appelle ?

» Parmi les maux dont nous souffrons, il n'en est pas de plus grand que l'abaissement de l'esprit de foi dans les populations de nos villes et de nos campagnes.

» Tandis que, sous l'heureuse influence de la loi du 15 mars 1850, la pratique religieuse augmente parmi les disciples de l'enseignement secondaire, elle diminue parmi ceux de l'enseignement primaire. La laïcisation du personnel et du programme de nos écoles primaires publiques est la vraie cause de ce grand mal... »

A ce grand mal, quel remède? Les écoles libres catholiques. En les élevant sur le sol de sa chère Bretagne, M. de la Villesboisnet allait pratiquement redire le conseil du poète breton, ancien petit *cloarec* au presbytère d'Arzanno, en un poème intitulé : *Comme on bâtissait la maison d'école :*

> *Maçon, si vous voulez que votre blanche école*
> *Ne tombe pas au vent comme un jouet frivole,*
> *Dès la première assise, à côté du savoir,*
> *Mettez la foi naïve et l'amour et l'espoir.*

Pour bâtir les maisons d'école nouvelles, pour les entretenir, il fallait des ressources promptes, abondantes, continues, sur lesquelles on pût compter pour un avenir peut-être bien long. Aussitôt après la promulgation de la loi du 16 juin sur la *gratuité* de l'enseignement primaire officiel, le secrétaire du Comité diocésain de Vannes avait lancé un émouvant appel à la charité de tous ses compatriotes. Voici, comme il dit, son « cri d'alarme : »

« La Commission de défense de l'enseignement chrétien et des intérêts religieux adressait, en 1880, un pressant appel à toutes les âmes généreuses, à tous les esprits
clairvoyants qui, sachant s'élever au-dessus des intérêts
vulgaires, comprennent l'influence prépondérante de l'enseignement sur les destinées d'un peuple.

» Alors comme aujourd'hui, la laïcisation arbitraire et
systématique exerçait ses ravages et la fondation des
écoles libres s'imposait aux catholiques, comme un impé-
rieux devoir. Depuis cette époque, ceux qui ont entrepris
de déchristianiser la France apportent à leur œuvre de
destruction plus d'acharnement encore. Non contents
de substituer çà et là quelques écoles sans Dieu aux
anciennes écoles chrétiennes, ils travaillent sans relâche
à la suppression complète de l'enseignement religieux.

» Craignant sans doute de froisser trop profondément
l'opinion par une attaque directe contre l'enseignement
primaire libre, ils recourent à des moyens détournés,
dont l'un des plus perfides est la gratuité absolue. Dans
les écoles publiques, l'Etat, c'est-à-dire le contribuable,
paie la rétribution scolaire, quelquefois même en partie
la nourriture des enfants. Cette mesure, indifférente en
apparence, mettra bientôt toutes les écoles libres dans
la dure nécessité de renoncer elles-mêmes, pour conserver leurs élèves, aux mois d'école qui les faisaient
vivre, et de n'avoir plus d'autres moyens de subsistance
que la charité des catholiques.

» Telle est la gravité du mal qui nous atteint aujourd'hui et dont nous constaterons demain les funestes effets. Il nous appartient toutefois d'en atténuer les ravages en groupant nos faibles efforts sous la sage direction de notre premier pasteur. Successeur des Apôtres, et, dès lors, gardien de la Foi, notre évêque n'est-il pas notre guide et notre soutien dans cette lutte où nous défendons la cause du droit, l'âme de nos enfants, les saintes croyances de notre catholique Bretagne ?

» Que chacun prenne donc résolument le poste qui lui est assigné par la divine Providence. N'avons-nous pas pour stimuler notre zèle l'exemple de la Ligue de l'enseignement qui, par haine de Dieu, couvre la France de ses comités, de ses bibliothèques et exerce son influence délétère jusqu'au fond de nos campagnes ? Aux uns de soutenir à eux seuls les écoles chrétiennes de leur paroisse, sans se désintéresser pour cela de l'œuvre générale ; aux autres de donner avec leur offrande le concours de leur expérience ou de leurs connaissances spéciales ; aux pauvres eux-mêmes d'apporter leur obole au denier des écoles catholiques.

» Les fonds recueillis dans une paroisse pourront être conservés par elle, si ses besoins scolaires l'exigent ; à la condition toutefois de faire connaître le montant de la souscription et l'état des écoles au secrétaire de la commission de défense. Là, au contraire, où le mal n'aura pas encore sévi, tout le produit du denier des écoles catholiques sera adressé au trésorier de l'œuvre, afin que, par une sage répartition, elle puisse venir en aide à toutes les écoles sans ressources.

» Maintiendrons-nous ainsi partout l'enseignement chrétien ? Nous n'osons l'espérer ; mais nous sauverons au moins bon nombre d'écoles, dont la ruine eût été inévitable.

» Entièrement dévoués aux intérêts de l'enfance et de la jeunesse, nous donnerons généreusement à Dieu ce qu'il demande de chacun de nous : le concours désintéressé d'une entière bonne volonté, et il nous accordera en retour, la force de lutter sans cesse, en attendant avec confiance l'heure de sa justice et de sa miséricorde. »

Le jeudi matin 22 octobre 1885, la cathédrale de Vannes pouvait à peine contenir la foule, qui encadrait les 400 élèves de l'école libre de la ville. La messe était célébrée par Sa Grandeur Mgr Bécel ; un sermon était prononcé par un religieux, ami de M. de la Villesboisnet, le R. P. Charles Clair, de la Compagnie de Jésus, sur ce thème : *A qui incombe, par délégation divine, la mission d'élever l'enfant?* Dans l'après-midi, à l'école des Frères, sous la présidence de M. le vicomte de Saint-George, président du Comité de défense de l'enseignement chrétien, en présence d'une assistance nombreuse d'amis et bienfaiteurs, M. de la Villesboisnet racontait l'histoire de ses récentes fondations d'écoles ; et Mgr Bécel traduisait avec émotion la pensée de tous en ces termes :

« Je crois aller au-devant de vos désirs, en vous invi-

tant à voter de justes félicitations et de sincères remer-
ciements au secrétaire de notre Comité. Le rapport que
vous avez écouté avec toute l'attention qu'il mérite, sera
imprimé. Je voudrais qu'il parvînt à tous les parents
chrétiens de ce diocèse. Il est de nature à jeter une vive
lumière sur une des questions les plus importantes et
les plus pratiques de ce temps-ci.

» L'école chrétienne libre où nous avons trouvé asile
aujourd'hui, doit, en grande partie, son existence au zèle
intelligent et actif, j'ajoute à la ténacité, de M. Ludovic
de la Villesboisnet...

» Quatre cents enfants y reçoivent l'instruction qui,
nous l'espérons, fera d'eux des citoyens utiles, de fervents
chrétiens sur la terre et des saints au Ciel. »

C'était la première *fête des écoles*, célébrée dans la
plus grande des écoles créées par le secrétaire du Comité
de défense ; fête qui, dorénavant se célèbrera chaque
année, à laquelle assistera toujours une foule d'élite et
où l'on entendra les plus éloquents orateurs développer
le sujet, de plus en plus actuel, de l'éducation chrétienne,
ou commenter ce cri d'un cantique populaire :

Nous voulons Dieu dans nos écoles.

A quelques années de là, dans une de ces belles fêtes,
qui réunissait un millier d'enfants, l'orateur, M. le chanoine Le Roux, avait droit d'associer, dans le même
mouvement d'éloquence et de reconnaissance, les deux
promoteurs de cette grande œuvre de salut : — « Il y a

onze ans, disait-il, des centaines d'enfants chrétiens furent jetés sur les rues de Vannes, sans maîtres et sans école. A cette heure d'angoisse, Monseigneur, vous les avez en quelque sorte enveloppés dans votre manteau épiscopal et vous leur avez fait dresser un asile, la tente de la religion et de la liberté. Votre cœur d'évêque trouva en ces jours douloureux des accents qui allèrent jusqu'au fond des âmes et créèrent les ressources nécessaires pour élever et instruire cette intéressante jeunesse.

» Ce mouvement s'est propagé sous la direction d'un comité intelligent et dévoué, que la France admire, inspiré par un grand chrétien, que j'appellerai un homme de cœur et un homme de Dieu, et votre diocèse s'est couvert d'écoles chrétiennes (1). »

Comment cet homme de cœur et homme de Dieu créa-t-il la grande école libre de Vannes? Cette fondation, l'une des premières et des plus importantes eut ses péripéties qui méritent un récit plus détaillé. Au début de la persécution, les Frères et les familles furent pris au dépourvu ; tout était à faire, ou même à inventer. Un comité se forma, c'était en juin 1882 ; les aumônes vinrent ; une quête produisit 40,000 francs de souscriptions. Mais outre les bonnes volontés, il fallait une direction pour prévoir, surtout pour agir. On n'avait pas songé à M. de la Villesboisnet qui, du reste, n'avait pas encore eu l'occasion de déployer, sur ce champ de bataille de

(1) Bulletin de la *Fête des écoles*, 1893, page 4.

Bretagne, tout son génie d'organisateur. Un prêtre de Vannes, son ami et condisciple, l'avertit et l'invita à venir étudier la question sur place. Tous deux partirent à la découverte d'un local scolaire ; hangar, salle de bal, tout fut exploré ; rien ne parut satisfaisant, d'autant qu'il faudrait une cour pour les jeux des écoliers ; et des cours, dans l'intérieur de la vieille cité, il n'y en avait guère plus que sur la main. A peine arriva-t-on à découvrir et à louer — ce qui fut plus malaisé encore — deux greniers où, à défaut d'autre luxe, il y avait de l'espace, de l'air et même de la lumière.

Pendant ce temps-là, les laïcisateurs s'étaient mis à la besogne ; l'école de Saint-Patern venait justement d'être supprimée. Et pour la première fois, on eut l'admirable spectacle des mères chrétiennes, plus braves que des hommes, affirmant leur résolution de ne confier l'âme de leurs fils qu'à une école où l'on prierait le bon Dieu. En attendant, une quarantaine d'entre elles allèrent supplier « à mains jointes » le P. Recteur du collège Saint-François-Xavier, de recevoir leurs enfants chez lui et de leur fournir des maîtres. Leur prière, comme leur foi, était si touchante, que le R.P. Marquet admit ces enfants comme externes, dans les classes élémentaires, qui sont tenues par des Frères de Ploërmel.

De son côté, M. de la Villesboisnet avait hâte d'ouvrir une école libre ; faute d'autres professeurs, il sollicita le concours de deux vieux instituteurs laïques retraités, excellents chrétiens, mais dont l'un habitait loin de

Vannes, au bourg de Plescop. Un jour d'orage, c'était le lundi de Pâques, il partit pour Plescop au milieu des éclairs et des coups de tonnerre, et revint tout heureux d'avoir obtenu le consentement du digne maître qui, avec son collègue et trois Frères qu'on leur adjoignit, reprit l'enseignement de l'ABC et des autres sciences du jeune âge.

L'année suivante, l'école de Saint-Pierre fut supprimée à son tour. Où loger les enfants jetés sur la rue par les pourvoyeurs de l'école sans Dieu ? M. Devier, directeur du Cercle des ouvriers, proposa une place, au moins provisoire, dans ses locaux de la vieille Tour du Connétable. M. de la Villesboisnet transforma en salles de classe le donjon du Moyen-Age où on abrita 180 écoliers. Après quoi, il reprit en sous-œuvre le comité scolaire, recouvra 38,000 francs de la souscription primitive, loua, avec promesse de vente, l'emplacement qui devait suffire aux deux écoles supprimées ; et, en dépit de tracasseries, de difficultés étranges qu'il sut aplanir, mais où nous ne pouvons nous attarder, il mit toutes choses au point. Les aumônes et fondations s'ajoutèrent aux souscriptions et la ville de Vannes, qui a le privilège de posséder actuellement une municipalité aussi intelligente que libérale, a consacré plus de 200,000 francs pour subvenir aux frais de l'école qui compte 600 élèves, sous la direction des Frères de Saint-Jean-Baptiste de la Salle.

En 1885, lorsque le Comité de défense et Mgr Bécel y vinrent inaugurer les *fêtes des écoles*, l'active « ténacité » du secrétaire avait déjà donné le branle à toute la région. Sur 278 paroisses, plus de 250 avaient répondu à ses demandes qui étaient des offres de service ; et bon nombre d'entre elles avaient obtenu de notables secours en argent.

Mais à combien de démarches, de voyages, d'enquêtes, de sollicitations ou d'instances, et tranchons le mot, d'ennuis, de tracas, de désagréments et de soucis, s'était condamné cet homme de cœur qui travaillait uniquement pour Dieu. Nous en saurons quelque chose de lui-même, en feuilletant les bulletins de ces *fêtes des écoles*, où il exposait ses besoins ou ses desiderata, avouait ses échecs et relatait modestement ses victoires. Mais pour tout connaître, il eût fallu le suivre dans ses courses, vivre à ses côtés pendant ses laborieuses études, lire l'énorme correspondance qui pleuvait sur sa table et celle qui partait de chez lui. Dieu seul et lui ont vu quelle somme de travail il a fournie et combien il a souffert.

Plusieurs fois par semaine, il s'en allait, dit un de ses amis, « par voies et par chemins, » en quête de quelque service à rendre à ses écoles du Morbihan. Le soir, raconte M. l'abbé Le Duc qui le vit de près à l'œuvre pendant six ans, il arrivait à Treulan, « les mains pleines des mérites de la journée, mais pleines aussi de papiers, de demandes de renseignements, de listes de comptes, qu'il nous montrait avec une chrétienne satisfaction, en entrant au salon.

— « Tenez, me disait-il, monsieur l'abbé, voilà mon pain pour la journée de demain. »

« Ce pain lui durait souvent jusqu'à deux ou trois jours, malgré son activité et une application presque sans relâche.

» Une fois, je me permis une respectueuse réprimande sur l'aveu qu'il me fit, d'avoir consacré trois jours entiers et une partie des nuits suivantes à un calcul, d'ailleurs compliqué, où il se glissait une erreur dont il n'arrivait pas à saisir le point de départ. Après maintes et maintes recherches, il constatait encore au total l'absence d'un centime, dont il prétendait avoir enfin raison.

— » M. le comte, lui dis-je, pourquoi ne pas y mettre un sou de votre poche et garder votre santé si chère à tous et à Dieu même ?

— » Ah ! M. l'abbé, répondit-il, c'est que c'est le centime de Dieu. Et puis ce centime de moins dans le calcul en question, répété pour les trois ou quatre cents autres du même genre, ferait une petite somme, et de ces petites sommes-là je suis avare pour la cause de Dieu (1). »

Tel était son esprit de foi ; mais telle était également sa volonté de ne jamais rien abandonner au hasard ; et, par le soin qu'il apportait aux moindres choses, on peut juger de la peine à laquelle il se condamnait pour les plus grandes, en particulier pour cette grande affaire des écoles catholiques.

(1) Notes de M. l'abbé Pierre Le Duc, aumônier des fidèles Compagnes de Jésus, à Sainte-Anne.

Quant au mot d'ordre, il le prenait auprès de son évêque, auquel il avait soumis ses plans de campagne et de qui il avait reçu un encouragement non moins empressé qu'indispensable. — « Les membres de votre comité diocésain, lui disait-il un jour, recevront toujours avec bonheur les moindres conseils de leur évêque, d'autant plus dociles à les suivre, qu'ils sont plus convaincus qu'en dehors d'une action arrêtée et dirigée par l'épiscopat, il ne saurait y avoir ni ensemble ni efficacité dans la lutte qui s'impose à tous les catholiques réellement dignes de ce nom. »

Mgr Bécel estimait et aimait le châtelain de Treulan. Il lui avait accordé sa pleine confiance ; il appuya de sa paternelle autorité celui qu'il définissait le secrétaire « intelligent, dévoué ; je voudrais, disait-il, ajouter infatigable (1). » Dès le mois d'août 1880, il recommanda instamment à MM. les Archiprêtres et, par eux, aux doyens et aux recteurs, l'œuvre entreprise par le Comité de l'enseignement. Ce n'était point précaution inutile ni recommandation oiseuse. Comme le secrétaire du Comité l'insinuait, en 1885, devant Sa Grandeur elle-même, le clergé se montra tout d'abord plutôt réservé. On hésitait; le gouvernement, au début, laïcisait sûrement mais lentement ; et les écoles laïques ou neutres, ne devaient porter leurs fruits qu'au bout de plusieurs années.

C'est, d'autre part, chose connue, que si le caractère breton est l'inébranlable persévérance dans les résolu-

(1) Bulletin de la *Fête des écoles*, 1889, page 17.

tions une fois prises, on ne le détermine pas aisément à prendre ces résolutions ; dès là surtout qu'il s'agit de contrarier ses habitudes. Vérité d'expérience, que M. de la Villesboisnet exprimait, devant ses amis bretons comme lui, en l'atténuant sous cette formule d'axiome : « Sur notre terre de Bretagne, il faut un certain temps pour acclimater les meilleures mesures (1). »

Qu'on nous permette, à ce propos, de transcrire quelques lignes d'un collaborateur de M. de la Villesboisnet dans la fondation des écoles libres du Morbihan : « Il arrivait parfois que là où il s'agissait d'établir une école, des personnalités dont le concours était indispensable émettaient des vues tout opposées, affichaient des idées, ou trop absolues ou trop contradictoires, pour s'entendre. Il fallait cependant les amener à cette entente cordiale, condition *sine qua non* de la réussite. L'esprit de foi, le tact, la patience de M. de la Villesboisnet venait à bout de tout, conciliait toutes les divergences ; avant de créer l'école, il créait l'union et, par suite, affermissait dans la paix d'une heureuse concorde la fondation naissante. »

Par ailleurs, on peut bien convenir que le constructeur des écoles libres du Morbihan n'y allait point, comme on dit, par quatre chemins ; qu'il avait même, quand le besoin s'en faisait sentir, le ton du commandement plus que celui de la prière. Tout le monde n'était pas accoutumé à cette *imperatoria brevitas*, respectueuse mais pressante, qui se traduisait en dialogues rapides où l'on

(1) Bulletin, etc., 1893, page 19.

ne perdait guère le temps aux préambules ni aux détours oratoires. Celui-ci par exemple :

— M. le Recteur, et votre école libre ?

— M. le Comte, nous n'avons point d'école libre.

— Vraiment !... Et que répondrez-vous au bon Dieu, quand il vous demandera ce que vous avez fait de l'âme de vos enfants ?

Ou encore, cette conversation aussi concluante que peu prolixe :

— Où en est votre école libre, M. le Recteur ?

— Nous n'avons pas encore commencé.

— Pourquoi donc ?

— Nous n'avons point d'argent.

— Hé bien ! voilà 200 francs ; mais vous allez vous y mettre tout de suite.

Grâce à la chaleur qui animait ce discours, dont la vivacité ressemblait à un ordre, mais qu'il tempérait par une de ces larges poignées de main où l'on sentait battre son cœur d'ami, on se laissait gagner ; on se mettait au travail, sûr qu'on était de n'être pas abandonné à ses propres forces. La charité, stimulée par le généreux secrétaire, achetait le terrain ou le donnait ; elle payait les dettes ; elle aménageait, elle meublait les établissements nouveaux ; elle pourvoyait à l'installation des Frères ou des Sœurs et à leur subsistance. De près ou de loin, M. de la Villesboisnet veillait à tout.

Nous verrons prochainement d'où venait l'argent ; disons où il allait. C'est le secrétaire qui nous renseigne sur ce chapitre, en rendant compte des secours réunis et distribués par le Comité : — « Tantôt ils sont venus parfaire le traitement des Frères ou des Sœurs, alors que la rétribution scolaire ou les ressources locales étaient insuffisantes. Tantôt ils ont permis de payer les arrérages d'un emprunt contracté pour acheter un terrain et y bâtir des classes. Dans telle paroisse, il a été décidé qu'on ne commencerait les travaux de construction de l'école libre, qu'après avoir recueilli une certaine somme; la subvention du Comité la complétera et permettra de se mettre à l'œuvre sans plus attendre. Dans telle autre, la rétribution scolaire suffit à peine à faire vivre les religieuses ; une maladie épidémique éclate, l'école est momentanément fermée et le secours de la Commission fournit aux religieuses le moyen de subsister en attendant la cessation du fléau. Souvent le mobilier personnel des Frères ou des Sœurs a été renouvelé ou, en partie, fourni par la Commission; d'autres fois, le mobilier scolaire (1). »

Tout d'abord, cédant aux tendances du moment, et pour répondre à cette gratuité menteuse dont l'enseignement officiel faisait parade, M. de la Villesboisnet et son Comité avaient songé à établir une gratuité réelle pour les écoles libres ; on s'imaginait qu'il faudrait en arriver là, si l'on voulait assurer le recrutement des élèves. Mais après quatre années d'expérience, le secrétaire avouait, avec une humilité joyeuse, qu'on s'était

(1) Bulletin, etc., 1885, pages 7 et 8.

trompé : « En cela nous sommes tombés dans une grave erreur que nous ne craignons pas d'avouer. Outre l'inexactitude de cette assertion (que la gratuité est nécessaire pour conserver les élèves), l'expérience démontrant chaque jour que la rétribution scolaire imposée aux parents ayant le moyen de la payer, écartait peu d'élèves de l'école ; outre la nécessité pour faire vivre les établissements libres de recourir à ce moyen, tout en accordant la gratuité aux enfants pauvres, nous ne pouvons oublier que nous nous trouvons en présence d'une question doctrinale.

« D'un côté, nous rencontrons la doctrine de l'Etat moderne qui tend à supplanter le père de famille ; qui, sous l'apparence mensongère d'une gratuité ruineuse pour tous, prétend élever l'enfant à sa guise, dans des idées et des sentiments souvent contraires à ceux de son père et de sa mère.

» De l'autre, nous avons la doctrine de l'Eglise catholique qui, au nombre des devoirs imposés au père de famille, place au premier rang celui de donner, ou de faire donner à ses enfants une éducation *chrétienne*. Si l'accomplissement de ce devoir entraîne des sacrifices, le père ne peut s'en affranchir sans manquer à sa mission. A ce prix, l'enfant comprendra l'importance de l'enseignement religieux payé par ses parents, alors que gratuitement ils pourraient lui en procurer un autre; le père tiendra plus à ce que son fils soit assidu à l'école et profite des leçons du maître ; la famille tout entière protestera contre la doctrine néfaste de l'Etat enseignant et attirera sur chacun de ses membres les grâces et les bénédictions de Dieu.

» Est-ce à dire pour cela que jamais, dans aucun cas, il ne faudra établir la gratuité absolue de l'école libre? Telle n'est pas notre pensée. Mais ce que nous ne craignons pas d'affirmer, c'est qu'à moins de circonstances rares et spéciales, nos écoles libres doivent être *payantes* (1). »

Raisons de haute portée et qui ne valent pas seulement pour une époque de proscription et de lutte où les catholiques ont été réduits par l'Etat sans Dieu ; mais dont les hommes qui refléchissent doivent, en tous les temps, faire leur règle de conduite.

Avec les ressources pécuniaires, il était urgent d'avoir, pour les formalités légales à remplir, surtout avant l'ouverture des nouvelles écoles, des indications promptes et précises. Là, M. de la Villesboisnet était passé maître et formait, à lui seul, un bureau de renseignements juridiques. Voici quelques-uns des points sur lesquels il avait sans cesse à donner une solution nette, catégorique, immédiate.

1º *En dehors de l'ouverture régulière d'un pensionnat primaire ou d'une école secondaire libre, un ecclésiastique ou un directeur d'école ne peut-il pas recevoir quelques élèves internes?*

2º *Des personnes pieuses et dévouées peuvent-elles réunir un certain nombre d'enfants pour leur apprendre le catéchisme, sans*

(1) Bulletin, etc., 1885, pages 13 et 14.

avoir à redouter des poursuites basées sur l'ouverture illégale d'une école ?

3° Est-il indispensable que les locaux destinés à une école libre réunissent en tous points les conditions énumérées dans le règlement sur la construction des écoles publiques ?

4° Un instituteur frappé de suspension ou d'interdiction peut-il être appelé à la direction de la même école ou d'une autre école du département ?

5° Les établissements libres sont-ils soumis aux réquisitions militaires pour le logement des troupes ? (1) *etc.*

Quand il ne se croyait pas en mesure de résoudre les difficultés juridiques, parfois compliquées, qui lui étaient soumises, M. de la Villesboisnet en référait au comité du contentieux de la *Société générale d'éducation et d'enseignement* qui, ainsi que le remarque M. de Crouzaz-Crétet, « connaissait de longue date ses mémoires si précis et si clairs, si remplis de vues judicieuses et de prudentes indications (2). »

Tout en répondant aux consultations juridiques, le secrétaire du Comité de défense s'occupait, ou par lui-même ou avec ses collègues, d'autres questions dont le nombre et la variété auraient effrayé la sollicitude de plusieurs hommes aussi courageux mais d'une activité moins en éveil. En voici quelques-unes :

1° Les moyens de rendre aux vicaires leurs traite-ments supprimés par la justice anticléricale qui commençait à sévir en Bretagne et ailleurs ;

(1) La solution de ces divers cas de jurisprudence scolaire figure dans le Bulletin de la *Fête des écoles* de 1885.

(2) Bulletin de saint Jean-Baptiste de la Salle, janvier 1902, page 40.

2° Les catéchismes volontaires à promouvoir, soit en appuyant le zèle des Sœurs du Tiers-Ordre, soit en activant celui des chrétiens et chrétiennes capables de se livrer à cet apostolat ;

3° Les manuels condamnés par l'Eglise ;

4° Les examens imposés aux enfants qui sont instruits dans leur famille ;

5° L'organisation de conférences pour la défense religieuse ;

6° La diffusion des bons journaux et des bons livres ;

7° La distribution de l'Encyclique du Saint-Père contre la franc-maçonnerie ; et, dans les casernes, du manuel du soldat.

En outre, dès le mois d'avril 1882 (1), le vigilant secrétaire et son comité, en vue de protéger efficacement les écoles chrétiennes, avaient constitué la surveillance des écoles sans religion; surveillance qui devait s'exercer sur les livres mis entre les mains des enfants qui fréquentent ces écoles ; sur leurs cahiers, et, autant que faire se pouvait, sur l'enseignement oral qu'ils recevaient, afin de prévenir, en les signalant, les dangers que courent leur foi et leur innocence.

D'aucuns peut-être s'étonneront de ce contrôle vis-à-vis des écoles officielles. Mais n'y avait-il pas, en vérité, un cas de légitimes représailles ? Si, au lieu de gémir comme des victimes sous le couteau, les catholiques de France avaient osé tenir tête aux ennemis de Dieu, les dévi-

(1) Voir la *Semaine religieuse* de Vannes, 27 avril 1882.

sager, leur imposer par leur attitude le respect de leurs croyances, s'en faire craindre, monter la garde autour des écoles neutres, ils auraient enrayé bien des audaces et maintenu leurs droits en les affirmant. Telle était bien la pensée du Comité de Vannes qui, précisément, s'intitulait « Commission de défense, » et qui, par l'organe de la *Semaine religieuse*, définissait ainsi hautement sa position de sentinelle avancée :

« Désormais il n'est plus possible de se faire illusion ; c'est l'âme des enfants qu'on veut nous ravir. Toujours prêts à donner notre sang et le leur pour le salut de la France, nous n'abdiquerons jamais le droit, nous ne manquerons jamais au devoir de veiller sur leur innocence et de leur léguer intact le dépôt sacré de la foi. Calmes et patients dans la lutte, disputant pied à pied le terrain à nos adversaires, nous joindrons la prière à l'action, plaçant en Dieu seul notre invincible espérance. »

Pour quiconque n'eût pas connu M. de la Villesboisnet, ces déclarations eussent pu être taxées de mots à effet, mais sans effet. Quant à lui, il joignait vraiment l'action à la prière ; il disputait pied à pied le terrain aux adversaires ; se constituant à la fois bailleur de fonds, avocat et architecte des écoles libres.

« Pour permettre de construire à moins de frais, raconte un Frère de Ploërmel, il se fait architecte. Bientôt, avec l'esprit pratique dont il était doué, il ajoute à ses plans le devis de la construction projetée. Lorsqu'on lui en manifeste le désir, il règle même les marchés avec les entrepreneurs, visite les travaux et ne laisse aux autres que le moins possible à faire et la plus petite part du souci (1). »

Il a tout prévu, pourvu à tout. Comme il le conseille aux autres, il a soin de se conformer aux règlements pour ce qui concerne la hauteur d'étage, l'éclairage, l'aérage, l'éloignement des établissements bruyants et insalubres. Il sait que, pour transformer d'anciennes constructions en salles de classe, il n'est plus indispensable que les appartements aient quatre mètres sous plafond ; désormais, comme nous le lisons dans les notes rédigées par lui, trois mètres trente centimètres suffisent. Il a pris toutes ses mesures et il les applique en plus d'un endroit le même jour.

« Dans ce temps de laïcisation à outrance, écrit son vénérable ami, M. le doyen de Marly-le-Roi, il lui fallait être sans cesse sur la brèche, ou, plus exactement, sur les routes, pour aller soutenir, reconstituer ou bâtir des écoles de Frères et de Sœurs. Il m'a été donné d'aller le voir plusieurs fois en Bretagne, et toujours je l'ai trouvé à l'œuvre, ayant jusqu'à sept écoles et plus à la fois en construction, sur tous les points du Morbihan. Il en avait fait les plans selon l'emplacement et les besoins ; il allait en surveiller, presser, contrôler l'exécution. »

Après la promulgation de la loi du 30 octobre 1886, décrétant la laïcisation successive de toutes les écoles

(1) F. Macaire, *Chronique de l'Institut des Frères de Ploërmel*, novembre 1901, pages 328-329.

congréganistes, le bâtisseur d'écoles redoubla, non d'énergie mais d'une ardeur qui sème les prodiges. Il bâtit, au même temps, non point six ou sept écoles, mais jusqu'à vingt-cinq ou trente. Et tel de ses premiers rapports ressemblerait à un bulletin de victoire, s'il n'accusait pas à l'encontre la tristesse indignée qui envahit son âme.

« Dans notre dernière assemblée, disait-il le 4 octobre 1888, j'avais la douleur de vous annoncer qu'en deux ans vingt écoles publiques dirigées par des congréganistes avaient été laïcisées. J'avais également la consolation de vous faire savoir que vingt et une nouvelles écoles libres se construisaient ou étaient déjà ouvertes. Aujourd'hui toutes les écoles, sans exception, qui n'étaient alors qu'en voie de création, sont terminées et suffisent à peine au grand nombre de leurs élèves.

» Mais si l'œuvre de la réparation a été véritablement grandiose, l'œuvre de la destruction a été accomplie avec un redoublement d'activité qui nous a rendus les témoins attristés de vingt-cinq nouvelles laïcisations opérées depuis un an. A ce défi jeté à notre foi il convenait de répondre en vrais Bretons et nous l'avons fait par la pose de la première pierre de vingt-huit nouvelles écoles chrétiennes. »

Trois ans plus tard, à la date assignée par les laïcisateurs pour l'expulsion de tous les Frères, M. de la Villesboisnet disait plus encore peut-être en moins de paroles :

— « Pendant les cinq dernières années, il a été laïcisé

(dans le Morbihan) 62 écoles publiques et nous avons ouvert 81 écoles libres. Nous possédons, par conséquent, dix-neuf écoles de plus qu'au jour de la promulgation de la loi prescrivant la laïcisation du personnel enseignant (1). »

Et l'année suivante : « Pendant le cours de l'année, nous avons relevé toutes les ruines faites par la laïcisation et conquis dix postes nouveaux. »

Dieu lui-même, si j'ose dire, se met de la partie et multiplie les vocations qui assurent des maîtres aux écoles actuelles et futures. — « Pourquoi, disait M. de la Villesboisnet en 1892, pourquoi, si Dieu n'avait pas sur nous des vues pleines de miséricorde, permettrait-il que le recrutement des Frères n'ait pas été ralenti par la loi militaire et par l'expulsion de l'enseignement officiel ?

» Non seulement le nombre des novices augmente, au point de rendre insuffisants les locaux qui leur sont affectés, mais encore une pléiade de jeunes ecclésiastiques se préparent, par l'obtention du brevet, à occuper les postes que les Frères ne peuvent accepter. A la dernière session, sept abbés et deux petits séminaristes de Ploërmel se sont présentés à l'examen et tous ont été reçus (2). »

Ainsi, au fur et à mesure que monte la marée sacrilège, on lui dispute le terrain, on la prévient par des

(1) Bulletin, etc., 1891, page 9.
(2) Bulletin. etc., 1892, pages 10 et 18.

conquêtes. Nous ne saurions les enregistrer toutes. Notons seulement, en 1893, sept laïcisations et quinze fondations d'écoles chrétiennes ; en 1896, à l'heure où la vraie France célèbre le XIVᵉ centenaire de son baptême, soulignons cette simple phrase dans un beau discours, où l'orateur de la fête des écoles rappelait aux petits écoliers de Vannes, Tolbiac, Clovis, sainte Clotilde, les grands siècles de la nation très chrétienne : « Le Morbihan possède aujourd'hui, à la place des 85 écoles d'où les religieux ont été chassés, 140 écoles libres (1). »

En 1897, on en comptait 146. La proportion a continué, naturellement plus faible, les proscripteurs n'ayant désormais qu'à achever leur besogne de ruine.

Ils avaient, eux, dans les caisses du gouvernement, des fonds qui ne s'épuisent point et qu'on leur prodigue avec une libéralité qui ne coûte rien.

Quant aux catholiques de France que — selon la parole de Montalembert — leur foi « a rendus comme exilés dans la société moderne, » ils ne comptent plus ; sauf quand il s'agit des lourds impôts de l'argent et du sang. Ils paient, pour faire vivre l'école neutre, où l'on prend tous les moyens de détruire leurs croyances et la vertu et, par conséquent, notre pays ; tristes ateliers d'athéisme sur lesquels ne rayonne aucun soleil et dont un orateur disait, en 1890, dans la cathédrale de Vannes : Ces maisons laïques ne sont point vraiment des écoles, « ce sont des orphelinats. » Les catholiques doivent, en

(1) M. l'abbé Buléon, Bulletin, etc., 1896, page 3.

outre, faire vivre leurs écoles, véritables « maisons de famille, » où l'on apprend le *Notre Père qui êtes aux cieux*.

Où trouvent-ils les impôts volontaires qui entretiennent cette floraison d'écoles libres ? L'aumône y a pourvu, d'un bout à l'autre de la France. Dans le diocèse de Vannes, où Mgr Bécel avait donné l'autorisation et l'exemple, en souscrivant pour une forte somme, voici comment les libéralités scolaires furent poussées et réglées par le secrétaire du Comité de défense. Nous lui empruntons l'exposé des trois principaux moyens qu'il prit, en vue de subvenir à tous les frais et de ne point laisser sommeiller le zèle de ses charitables compatriotes:

1° Le denier des écoles ;

2° Les souscriptions ;

3° La rétribution scolaire.

« Dès sa fondation, disait, en 1885 M. de la Villesboisnet, la Commission de défense s'efforça d'organiser le denier des écoles catholiques. Elle écrivit pour cela à MM. les Curés et Recteurs, leur envoyant à tous des listes imprimées, de manière à recevoir chacune dix noms, outre celui du zélateur ou de la zélatrice. Le but de la souscription était nettement indiqué dans la note suivante mise au bas de chaque liste : *Cette souscription est destinée à procurer les ressources nécessaires au maintien et au développement de l'enseignement catholique dans le Morbihan; à donner les moyens de lutter contre les ennemis de l'Eglise, de ses ministres et de son enseignement.*

« La cotisation du denier des écoles devait se renouveler tous les ans, comme celles de la Propagation de la Foi, de la Sainte-Enfance et de l'œuvre de Saint-François-de-Sales. On laissait à chacun le soin d'en fixer lui-même le montant, afin d'unir l'obole du pauvre au don du riche dans un même sentiment de foi et de protestation en faveur de l'enseignement religieux...

» Outre le denier des écoles catholiques, la commission a placé des troncs dans quelques hôtels. Ceux des hôtels du *Lion d'Or* et de *France,* à Sainte-Anne, produisent chaque année des ressources que nous voudrions voir plus considérables, mais dont nous ne sommes pas moins reconnaissants envers les pèlerins et les propriétaires des hôtels.

» Que ne multiplions-nous ces troncs, à l'exemple de nos vaillants amis les catholiques du Nord. Non contents d'en placer dans un grand nombre d'hôtels et de magasins, ils ont su en faire accepter par beaucoup de familles qui leur ont donné asile, à la campagne dans leur château, à la ville dans leur hôtel. Au milieu des fêtes les plus brillantes, le tronc du sou des écoles catholiques apparaît, porté par le fils ou par la fille de la maison. *Pour nos écoles libres,* redit une voix enfantine et tous les invités de se faire un devoir d'y déposer leur offrande. Ainsi des sommes importantes sont trouvées chaque année et une pensée charitable et chrétienne vient sanctifier les fêtes mondaines et les réunions de famille. »

Et après avoir parlé des quêtes dans les églises et de la souscription ouverte dans la *Semaine religieuse* de Vannes, M. de la Villesboisnet concluait par cette phrase qui, pour les chrétiens, était une puissante excitation à l'aumône : — « N'oublions pas que la vie ou la mort d'une école chrétienne, c'est le salut ou la perte d'un grand nombre d'enfants. »

Au denier des écoles, à la souscription diocésaine, s'ajoutaient les quêtes des dames patronnesses, les dons et offrandes du clergé. — « C'est par millions, avouait M. de la Villesboisnet, en 1896, qu'il faut compter ce qui a déjà été dépensé dans le diocèse. Rien que pour l'école des Frères de la ville épiscopale, 283,000 francs ont été donnés par les généreux chrétiens de Vannes. » Parmi ces chrétiens généreux il n'avait garde de se nommer, mais lorsque — en 1891 — il engageait ses amis à rayer de leur budget les dépenses de luxe, à « se priver de son superflu et à prendre même sur son nécessaire, pour donner davantage (1), » tout le monde savait qu'il pouvait formuler de semblables conseils et qu'il prêchait autrement que de parole.

Un point plus délicat, contre lequel les objections ne manquaient pas, c'était l'établissement de la rétribution scolaire. Etait-il désirable, était-il possible, était-il sage et utile, d'obliger les familles à une rétribution scolaire,

(1) Bulletin, etc., 1891, page 10.

alors que l'école laïque affichait comme appât la gratuité ? Nous avons déjà entendu M. de la Villesboisnet résoudre ces objections par des raisons très hautes et, comme disent les philosophes, *per altissimas causas*. A diverses reprises, il y insista, en y joignant les raisons de l'expérience ; ainsi, le 11 octobre 1887 :

« Le père de famille, disait-il, ne doit pas seulement pourvoir aux nécessités physiques de son enfant ; il a, en outre, l'obligation non moins étroite de lui procurer tout ce qui peut contribuer à entretenir et à développer en lui la vie de l'âme.

» Dans certains cas, sans doute, il peut n'être pas tenu de lui faire donner l'instruction profane ; mais il lui est aussi formellement interdit d'omettre de le faire instruire des grandes vérités religieuses que de le placer dans une école qui mettrait sa foi en danger.

» Envisagée à la lumière de ces principes, la rétribution scolaire, seul moyen efficace pour assurer l'existence des écoles libres, s'impose comme un devoir à tous les parents qui peuvent la payer.

» Mais, cette rétribution ne sera-t-elle pas, dans bien des cas, l'obstacle au recrutement des élèves ? Comment lutter efficacement contre la prétendue gratuité de l'enseignement public autrement que par la gratuité de l'école libre ? A ces objections, plus théoriques que pratiques, il est facile de répondre par des faits. Qui ne sait qu'il existe aujourd'hui, un peu partout, des écoles libres remplies d'élèves, malgré la rétribution scolaire, tandis qu'en face d'elles les écoles publiques gratuites sont presque désertes?

» Mais, alors même que ces objections seraient fondées, elles n'infirmeraient en rien les principes que je viens de rappeler, et elles ne prouveraient qu'une seule chose : l'abandon d'un devoir sacré par un certain nombre de parents. »

L'année suivante, après avoir, dans une discussion approfondie, recueilli les avis unanimes des Frères et des Sœurs chargés des écoles libres, il appuie à nouveau sur « la nécessité de la rétribution scolaire pour soutenir les écoles » et sur « le devoir pour les parents de les payer. » Mais que deviendront les enfants des familles qui ne peuvent ou ne veulent point payer?

« Le règlement a prévu ces deux cas et sans prétendre sauver les enfants malgré leurs parents, il ouvre à deux battants les portes de l'école libre à tous ceux qui ont simplement le bon vouloir d'y mettre leurs enfants. »

Au surplus, pour les écoles comme pour tout le reste, n'est-il pas un fait avéré qu'on ne s'attache qu'à ce qui coûte? Ce système a fait ses preuves ; outre l'appoint pécuniaire qui en résulte, il affectionne les enfants et les familles à *leur* école ; car enfin, elle est à eux une fois de plus ; ils sont plus chez eux que là où l'on ne paie pas. Et chiffres en main, le secrétaire du Comité de défense démontre que la rétribution ne dépeuple point l'école chrétienne, loin de là. « Dans dix paroisses prises au hasard, les écoles libres congréganistes *payantes* comptent 1,267 élèves, tandis que les écoles publiques laïques n'en comptent que 352. Dans dix autres paroisses le nombre des élèves des écoles libres congréganistes *gratuites* est de 1,192 et celui des élèves des écoles publiques laïques de 398. N'est-il pas remarquable, conclut-il, que le chiffre proportionnel des élèves des écoles publiques laïques soit moindre, là où la concurrence congréganiste est payante, que là où elle est gratuite (1)? »

Après avoir bâti, après avoir réuni, distribué, assuré pour l'avenir les fonds scolaires, il fallait, nous l'avons dit, tenir en haleine le bon vouloir de tous pour l'œuvre commune. M. de la Villesboisnet en saisit toutes les occasions.

En 1886, au moment où le projet de loi contre l'enseignement primaire chrétien allait être soumis, en dernière lecture, au Parlement, le vénérable cardinal Guibert avait adressé au président Grévy une lettre mémorable où il annonçait, avec une sorte d'intuition prophétique, que cette guerre impie allait déchaîner de terribles désastres sur la France d'abord, puis finalement sur les persécuteurs :

« L'Eglise, disait-il, a connu d'autres périls, elle a traversé d'autres orages et elle vit encore dans le cœur de la France. Elle assistera aux funérailles de ceux qui se flattent de l'anéantir...

(1) Bulletin, etc., 1888, pages 7-12.

» Ceux qui auront voulu cette guerre impie s'y détruiront eux-mêmes et de grandes ruines auront été faites avant que notre bien-aimé pays revoie des jours prospères. Les passions subversives dont plus d'un indice fait redouter le prochain réveil, créeront des périls autrement graves que les prétendus abus qu'on reproche au clergé. Et Dieu veuille que, dans cette affreuse tempête, où les appétits déchaînés ne trouveront plus devant eux aucune barrière morale, on ne voie pas sombrer la fortune et jusqu'à l'indépendance de notre patrie ! »

Presque tout l'épiscopat de France adhéra aux graves avertissements de l'archevêque de Paris et un assez bon nombre de fidèles essayèrent d'agir. Comme, en ce temps-là, on croyait encore à l'efficacité des pétitions, on recueillit des signatures destinées à enrayer le vote de la loi scélérate. Le 1ᵉʳ mai 1886, M. de la Villesboisnet lançait des feuilles de pétition avec une circulaire qui se terminait par ce chaleureux appel :

« Tous les catholiques ont le *devoir* de faire entendre aux pouvoirs publics le cri de leur conscience indignée.

» L'âme de leurs enfants et l'avenir de la France, leur patrie, sont en jeu ; comment pourraient-ils hésiter? »

Le Morbihan fut un des sept départements où les signatures de protestation furent le plus nombreuses. Mais déjà ceux qui détenaient le pouvoir n'avaient aucun égard pour les manifestations de la conscience française; leur dédain sectaire passa outre.

En 1889, parut, sur la question de l'école *neutre*, une

brochure anonyme, œuvre de deux théologiens de Vannes, dont la modestie égalait la science et la clairvoyance. Elle avait pour titre : « *L'école neutre en face de la théologie;* cas de conscience, par deux prêtres, docteurs en théologie (1). » Cette brochure répondait trop bien aux vues du secrétaire du Comité de défense, pour qu'il négligeât d'y applaudir et de s'en faire le propagateur. Voici en quels termes saisissants il la recommandait à ses collaborateurs et amis :

« Le 27 octobre 1879, jour de notre première réunion, la loi du 15 mars 1850 donnait encore à toutes les écoles publiques le caractère d'écoles chrétiennes. Dans toutes les classes, quel que soit le maître, laïque ou religieux, le Christ occupait la place d'honneur ; le pasteur de la paroisse avait droit de surveillance et d'inspection ; la prière était dite au commencement et à la fin des exercices scolaires ; l'enseignement du catéchisme figurait au programme avant tous les autres.

» Aujourd'hui, légalement, l'école est neutre : plus de crucifix, plus de prière, plus de catéchisme. Au curé de la paroisse, au père de famille l'entrée de l'école est interdite.

» Telle est en deux mots l'œuvre néfaste accomplie sous nos yeux ; la révolution profonde opérée par les lois des 16 juin 1881, 28 mars 1882, 30 octobre 1886 qui, en rendant l'enseignement gratuit, obligatoire et laïque, ont contribué pour une large part à ruiner les

(1) Paris, librairie V. Retaux ; Vannes, librairie Galles.

finances de l'Etat, des départements et des communes ; ont violé les droits sacrés du père de famille ; ont emprisonné l'enfant dans un noir cachot, d'où son âme avide de lumière et de vérité ne peut plus jamais entrevoir le ciel.

» A ce programme de déchristianisation par l'enseignement sans Dieu... » quelle est notre réponse ? — « Cette grave question du devoir imposé à tous les catholiques par les nouvelles lois scolaires a été mise en lumière et très heureusement traitée, tant au point de vue du fond que de la forme, dans un ouvrage intitulé : *L'école neutre en face de la théologie.* Cet intéressant opuscule, que tout homme sérieux devrait lire et méditer, a déjà reçu, avec les encouragements de Notre Saint-Père le Pape, l'approbation d'un grand nombre d'évêques, ce qui ne permet aucun doute sur la rigoureuse exactitude des cas de conscience qui y sont résolus.

» Les auteurs qui, sous le voile de l'anonyme, cachent autant d'humilité que de talent, ont su rendre clairs pour tout le monde les enseignements de l'Eglise. Par des définitions précises, ils ont nettement tracé les obligations du prêtre, du père de famille, de tous les bons chrétiens. On ne saurait trop le redire avec eux, la question de l'enseignement doit aujourd'hui primer toutes les autres. Personne ne peut s'en désintéresser sans manquer à sa mission et sans compromettre ses propres intérêts et l'avenir du pays. »

Et le vaillant secrétaire ajoutait :

« Supposons un instant que les digues destinées à protéger toute une contrée soient gravement compromises. L'eau monte peu à peu et bientôt, si l'on n'y porte remède, le flot dévastateur aura tout envahi. S'agit-il pour les habitants de continuer leur genre de vie ordinaire ? Leur suffit-il même de verser leur participation annuelle à l'entretien des digues et de faire consolider les murs de leur propre maison, alors qu'une fois répandue dans le pays, l'inondation ne laissera pas subsister pierre sur pierre ? Tous les hommes valides seront au travail pour conjurer le péril commun et chacun croira sacrifier peu en donnant beaucoup pour ne pas tout perdre.

» Telle est l'image fidèle du péril qui se dresse devant nous, et l'exemple de la conduite que nous devons tenir. Les générations qui s'élèvent dans l'école sans Dieu, et qui, chaque année, envahissent le pays, n'ayant plus pour réprimer leurs passions le seul frein véritablement efficace des craintes et des espérances de l'autre vie, menacent l'ordre social d'une ruine irréparable. Est-ce trop, pour conjurer un tel danger, de notre action personnelle, de nos sacrifices permanents ? Pouvons-nous marchander notre dévouement, quand de l'issue de la lutte dépend l'avenir de la France ?

» Sous plus d'un rapport, la situation actuelle, au point de vue de l'enseignement, ressemble à celle qui a précédé le vote de la loi du 15 mars 1850 ; et volontiers, appliquant aux lois scolaires d'aujourd'hui ce que M. Thiers disait de la loi Carnot, qu'il voulait remplacer par la loi de 1850, je m'écrierais avec lui, parlant des instituteurs laïques : « Ce que j'ai vu de plus funeste dans cette loi, c'est l'introduction de trente-sept mille socialistes et communistes, véritables *anti-curés* dans les communes (1). »

« Voilà le véritable péril social; et, si les francs-maçons ont su monter à l'assaut de ce qui nous tient le plus au cœur, en abusant les masses par ce cri de ralliement : *le cléricalisme, voilà l'ennemi*, nous, catholiques, nous devons nous serrer autour de la Croix notre étendard et marcher à l'ennemi, la main dans la main, au cri : *le laïcisme, voilà l'ennemi* (1). »

En 1891, une quatrième édition de cette brochure de l'*Ecole neutre en face de la théologie* se publiait à Vannes même, et M. de la Villesboisnet encourageait l'essor de ce lumineux cas de conscience : « Que tous ceux, répétait-il, qui hésitent encore à prêter leur concours à l'Œuvre des écoles chrétiennes, le lisent et le méditent. »

La première façon de prêcher le dévouement, c'est de se dévouer soi-même ; la seconde, c'est de raconter les dévouements d'autrui. M. de la Villesboisnet ne l'ignorait point et il savait combïen est juste, dans la réalité de la vie, le proverbe : *Exempla trahunt*. Avec la discrétion qu'il apportait en toute chose, il citait à l'ordre du jour de la charité les merveilles opérées autour de lui et inspirées par sa croisade scolaire ; avec la certitude que

(1) Bulletin de la *Fête des écoles*, 1889, pages 5, 6 et 7.

ses auditeurs en retireraient une heureuse édification et des motifs de faire encore plus, pour l'amour de Dieu.

Citons-le à son tour, en glanant quelques traits dans les pages qu'il qualifiait lui-même de « Livre d'or de la défense de l'enseignement chrétien (1). » Aussi bien n'est-ce pas sa propre histoire qu'il écrit, comme un général quand il énumère les exploits des troupes qu'il a menées au combat.

— « Que ne puis-je, disait-il en 1887, entrer dans le détail des fondations, réalisées ou en voie de l'être ; vous montrer les merveilles accomplies par l'esprit de foi et par la charité ? De nobles et grands exemples, capables d'entraîner les timides et les tièdes, apparaîtraient à vos yeux. Vous verriez des pasteurs abandonnant à la divine Providence le soin de pourvoir aux nécessités de leur vieillesse, pour consacrer tout ce qu'ils possèdent à assurer l'instruction religieuse des enfants de leur paroisse. Vous verriez un noble jeune homme assis sur le banc des accusés, pour s'être fait lui-même instituteur, se sacrifiant ainsi volontairement dans le but de relever les courages et de décider la fondation d'une école libre, aujourd'hui florissante (page 16). »

« Voici un vieux recteur qui sent ses entrailles de père s'émouvoir à la vue du danger que courent ses petits enfants livrés à des maîtres qui ne sont pas chrétiens. Son grand âge semble lui commander le repos, mais son âme de prêtre comprend la responsabilité qui pèse sur

(1) Bulletin, etc., 1900, page 18.

elle. Plus il est près de l'appel de Dieu, plus il redoute le compte sévère qu'il devra rendre de tous ceux qui ont été confiés à sa garde. Il est sans ressources, mais il connaît ses paroissiens, qui n'hésiteront certainement pas à lui donner bois, pierres et charrois. Que faut-il de plus pour bâtir une classe seulement, le Frère devant vivre au presbytère? Quatre ou cinq billets de mille francs. Les prêtres natifs de la paroisse lui assurent le premier ; le Comité diocésain lui donne le second ; par lui-même et par ses relations il fournit le troisième ; ses vicaires et les personnes généreuses de la paroisse procureront le surplus. L'œuvre est immédiatement entreprise, et bientôt, à la fête de la cinquantaine de son ordination, le bon pasteur verra succéder celle de la bénédiction solennelle de son école chrétienne.

» Dans plusieurs paroisses, MM. les Curés ou Recteurs possédaient un patrimoine plus ou moins considérable. La prudence humaine leur conseillait de le garder, d'autant plus que pour certains la vieillesse était proche. Mais leur cœur sacerdotal leur répétait sans cesse que le bon pasteur se sacrifie pour son troupeau. N'écoutant que leur dévouement et s'oubliant eux-mêmes, ils ont doté leurs paroisses de splendides écoles, qui sont aujourd'hui leur gloire, en attendant qu'elles soient un jour l'un des plus beaux fleurons de leur couronne.

» Ici un brave paysan, voulant sans doute que sa main gauche ignorât se que donnait sa main droite, dit à son recteur, en lui remettant son offrande, pour l'école libre qui allait se construire : ceci est pour le public, mais, entre nous, je me charge seul de la toiture.

» Là, tous les paroissiens, presque sans exception, tiennent à honneur de protester de leur dévouement à l'enseignement des Frères, en confiant leurs dons volontaires aux membres du clergé, qui veulent bien aller de maison en maison, quêtant pour l'école libre. Que ne puis-je mettre sous vos yeux le registre où se trouvent consignés les noms de tous les souscripteurs ; vous y verriez à côté de l'offrande de ceux qui possèdent quelque bien, l'obole du pauvre, le sou de la veuve et de l'orphelin ; car, dans une maison, il n'y avait qu'un sou et ce sou fut donné.

» Il me serait facile de multiplier ces exemples et d'y joindre ceux des châtelains et des riches charitables qui, comprenant leurs devoirs religieux et sociaux, ont donné, les uns le terrain nécessaire à l'école, les autres des sommes importantes ; plusieurs même l'établissement tout entier (1).

» Ici, c'est un noble général qui, par ses largesses, décide la fondation d'une école depuis longtemps désirée ; là, c'est une paysanne, aussi riche que bienfaisante, qui donne le terrain, une somme importante et promet une rente perpétuelle pour l'entretien des maîtres religieux.

» Ailleurs, c'est M. le Curé ou M. le Vicaire qui sacrifie la majeure partie de son patrimoine, quand il ne le

(1) Bulletin, etc., 1888, pages 14-16.

sacrifie pas tout entier... Je recevais, ces jours derniers, de l'un d'eux, les lignes suivantes : *J'ai compté sur la Providence; et les ressources m'arrivent au delà de toutes prévisions et de toute espérance...* (1).

« Inspirons-nous du bel exemple que nous donnaient naguère deux prêtres de ce diocèse, dont l'un vendait son cheval et se condamnait à faire ses courses à pied, pour pouvoir, au moyen de cette économie, doter sa paroisse d'une école chrétienne de garçons ; dont l'autre, aux prises avec certaines souffrances qui trouvent presque à coup sûr leur soulagement à Vichy, nous répondait, quand nous lui conseillions d'aller aux eaux : Je sais que Vichy me ferait du bien ; mais ne pouvant aller aux eaux et soutenir mes écoles, je sacrifie de grand cœur ma santé au salut des âmes de mes chers petits enfants (2). »

« Clergé, noblesse, bourgeoisie, hommes d'affaires, commerçants, cultivateurs, artisans, tous comprennent que les destinées de l'avenir sont étroitement liées à la direction de l'enseignement (3). »

Par contre, tandis que, pour sauver la plus précieuse des libertés, les catholiques font ce qu'ils doivent, les représentants de l'enseignement *laïque*, pour garder leur place et leur gagne-pain, font ce qu'ils peuvent. Le

(1) Bulletin, etc., 1892, page 12.
(2) Bulletin, etc., 1895, page 13.
(3) Bulletin, etc., 1897, page 12.

secrétaire du Comité de défense le constate avec esprit et avec un peu de satisfaction :

« Aucun incident digne d'être relaté, disait-il le 18 octobre 1894, n'est venu signaler les laïcisations, sinon le désespoir d'une pauvre institutrice laïque qui, au jour de sa prise de possession, croyant, à juste titre, découvrir peu de sympathie chez les parents des petites filles dont elle désirait, mais en vain, faire ses élèves, reprit, les larmes aux yeux, le train le plus rapproché de celui qui l'avait amenée, déclarant qu'elle ne pourrait pas vivre au milieu de tels sauvages.

» Dans une autre paroisse, l'institutrice laïque envoyée pour remplacer les religieuses ouvre la porte de sa classe le jour de la rentrée, et, ne voyant venir personne, part pour la ville voisine afin, dit-on, d'acheter un crucifix plus beau que celui qui occupe la place d'honneur dans l'école libre nouvellement bénite.

» Cette tactique ne fait-elle pas songer à celle du loup de la fable, s'habillant en berger pour mieux surprendre le troupeau ? Mais, en dépit des hoquetons et des houlettes d'emprunt, nos religieuses populations ne confondront jamais l'école neutre avec l'école chrétienne. »

Finissons par cette page, écrite en octobre 1900, dans le dernier bulletin des écoles, rédigé par M. de la Villesboisnet. C'est un suprême remerciement et un adieu à tous ceux qui l'ont aidé ; c'est le dernier ordre du jour du chef fidèle et victorieux que Dieu allait convier à la récompense :

« Partout le clergé s'est montré digne de lui-même, et les châtelains ou riches propriétaires ont fait un noble usage de leur fortune ; partout aussi nos braves paysans ont rivalisé d'ardeur pour faire le charroi des matériaux ; plusieurs ne se sont pas contentés de donner leur travail personnel et celui de leurs attelages, ils y ont joint des offrandes de bois, de pierres et même d'argent.

» Dans une de nos îles, les locaux scolaires ont été fournis par une pieuse veuve et un saint prêtre dont nous n'osons prononcer le nom, de peur de blesser la modestie du vaillant directeur de la *Croix des Groisillons.*

» Non loin du Faouët, en pays bas-breton, à Priziac, la prévoyance d'une excellente paroissienne a permis aux religieuses laïcisées le 1ᵉʳ septembre, d'ouvrir le 12 octobre une école privée dans une maison construite, depuis cinq ans, en prévision de cette éventualité.

» A l'autre bout du diocèse, en pays gallo, à Saint-Guyomard, un noble et généreux paysan a mis gratuitement sa maison à la disposition des religieuses, en attendant qu'elles puissent occuper l'immeuble qu'une dévouée châtelaine avait acquis, depuis plusieurs années, en vue de la laïcisation. »

« La mort de l'insigne bienfaitrice de Saint-Guyomard nous permet, hélas ! de faire connaître son nom et de publier la réponse qu'elle adressait à son recteur, lui annonçant l'acquisition de la future école chrétienne, faite conformément à ses charitables instructions.

» Madame la comtesse de Montgermont qui, nous

l'espérons, contemple avec bonheur du haut du Ciel son petit-fils qui sait si bien continuer l'œuvre de sa grand'mère, écrivait, il y a neuf ans, les lignes suivantes : « Je ne croyais pas, il est vrai, que l'acquisition eût atteint ce chiffre ; mais le bien coûte à faire, je le vois. Qu'est-ce, au bout du compte, qu'une question d'argent lorsqu'il s'agit d'une bonne œuvre, lorsque mes parents n'ont pas craint, pendant la Révolution, de cacher chez eux des prêtres au péril de leur vie ? »

» Tout en taisant, bien à regret, plusieurs autres faits réellement dignes d'être mentionnés, nous ne pouvons passer sous silence la précieuse intervention d'un paroissien de Muzillac qui, en mettant trois pièces de sa maison à la disposition des religieuses, laïcisées le 1ᵉʳ septembre, leur a permis d'ouvrir, dès le 18 octobre, une école provisoire.

» Sans quitter le canton, nous voici à Arzal. Là, comme à Saint-Guyomard, c'est un paysan qui loge les religieuses. Elles n'ont eu d'ailleurs que l'embarras du choix, car, à leur sortie des bâtiments communaux, tous les habitants du bourg se sont disputé l'honneur de leur donner asile.

» Une de nos dames patronnesses, veuve d'un ancien préfet de l'Aveyron, longtemps conseiller général de Muzillac et député du Morbihan, ne craignit pas de mettre, en attendant la construction d'une école définitive, son château de Broël à la disposition des Sœurs laïcisées, pour leur permettre de remplir immédiatement les formalités légales d'ouverture d'une école libre.

» Ce fait n'est d'ailleurs pas sans précédent, et, bien que les eaux de la Vilaine ne se soient jamais mêlées à celles du Scorff, néanmoins leurs rives ont été l'une et l'autre les heureux témoins du même acte de générosité.

» C'était en 1893. L'école de Caudan-Penhouët venait d'être laïcisée. La pieuse mère du vaillant commandant de *La Framée* n'hésita pas à abandonner aux religieuses, pour y tenir école, toute une aile de son château du Plessis, jusqu'à la construction de l'important établissement que sa paroisse doit en grande partie à sa générosité et à celle du vaillant officier que pleure notre marine.

» Nous possédons encore les lettres que nous écrivit à ce sujet le capitaine de Mauduit, aussi dévoué que sa mère à l'enseignement chrétien. Nous avons admiré sa patience à supporter, pendant ses congés, le voisinage gênant de deux cents enfants lui cassant les oreilles six heures par jour.

» En apprenant que, non content de faire noblement son devoir en restant le dernier à son bord, il avait su donner sa vie pour sauver celle d'un de ses hommes, nous avons mieux compris la raison pour laquelle il portait tant d'intérêt à l'enseignement basé sur la foi. Sachant, par expérience, que la religion seule peut inspirer les sacrifices les plus sublimes, il voulait, pour la gloire de la France, qu'elle fût enseignée aux enfants, afin de les rendre capables, au jour du péril, de porter, comme il le fit lui-même, l'accomplissement du devoir jusqu'à l'héroïsme (1). »

Ainsi donc, aux rives de la Vilaine et du Scorff, comme le long des côtes, au bord des golfes, et jusque dans les îles, on luttait de générosité pour bâtir des écoles ; tout ainsi qu'aux siècles chrétiens du Moyen-Age, chez les peuples croyants d'Armor, grands et petits, châtelains et paysans, riches et pauvres, rivalisaient d'entrain pour bâtir des cathédrales. Spectacle digne des anges du ciel et qu'un poète de Bretagne a chanté en vers superbes :

> *C'était là le beau temps. Quimper veut une église,*
> *Disait-on, en avant ! Nous leur ferons pour rien*
> *Mille aunes de dentelle avec leur pierre grise ;*
> *Les Bretons sont dévots, ils nous traiteront bien.*
> *Et les Frères Maçons dressaient leurs équipages,*
> *Grands seigneurs s'attelaient avec les roturiers ;*
> *Prêtres, moines et clercs tiraient sur les cordages,*
> *Grandes dames lavaient les blouses d'ouvriers... (2)*

A l'inauguration de l'école libre, il y avait fête ; comme jadis à la dédicace d'une église neuve. Ce jour-là, M. de la Villesboisnet bénissait Dieu et lui renvoyait la gloire, du fond du cœur, mais sans bruit ; de même que, dans ses rapports annuels, il ne s'occupait que de la louange des autres, ainsi tâchait-il de disparaître quand, la corvée

---

(1) Bulletin de la *Fête des écoles*, 1900, pages 17-19.
(2) P. J.-B. Fougeray, S. J. *Œuvres choisies*, page 220, *Le Souffle chrétien*.

finie, il n'y avait plus qu'à jouir du bonheur de tous. Voici,
à ce propos, un fait puisé à bonne source. Après beaucoup de travail et de va-et-vient, il avait élevé une école
nouvelle dans une petite ville du diocèse. Tout marchait
à souhait, bâtiments et matériel, maîtres et écoliers, rien
ne laissait à désirer. Le pasteur du lieu était dans une
joie qui se devine ; il ne restait plus qu'à inaugurer le
chef-d'œuvre scolaire. Or, il allait de soi, qu'après avoir
été à la peine, le fondateur présidât aux cérémonies
d'installation ; sa place était là désignée et il n'aurait eu
qu'à recevoir compliments et congratulations d'usage.
Mais, le moment venu, il ne manquait tout juste que lui ;
il s'était éclipsé ; il s'était arrangé de manière qu'il ne fût
pas question de lui dans la fête ; heureux de céder la
préséance avec les autres démonstrations de reconnaissance à un ami, le député de la circonscription.

Sic vos non vobis..., écrit l'excellent prêtre de qui
nous tenons ce récit ; et il ajoute : Un Frère assistant de
la doctrine chrétienne qui était présent à la cérémonie,
disait : « C'est digne d'un Père de l'Eglise. »

Ce fait d'ailleurs est loin d'être un cas isolé ; c'était,
comme le raconte un Frère de Ploërmel, une des cons-
tantes habitudes de M. de la Villesboisnet ; « à moins
d'impérieuses nécessités, il n'assistait jamais à la bénédiction » des écoles qu'il avait, en quelque sorte, fait
sortir de terre. Dès qu'on n'avait plus besoin de lui, il
s'en allait chercher de l'ouvrage plus loin ; il semait dans
la peine et laissait à d'autres la joie de la moisson. Preuve

de plus qu'il travaillait pour Dieu et ne voyait dans cette sainte entreprise, que le côté surnaturel des choses.

C'est également à ce seul point de vue qu'il désirait qu'on envisageât les hommes employés à l'instruction de l'enfance chrétienne ; mais dont les défauts compromettent le bien ou l'entravent. Il arriva, par exemple, qu'une catégorie des maîtres instituteurs prit une détermination peu conforme à la manière de voir des bienfaiteurs ; de là, diminution notable dans la caisse des aumônes. Au lieu d'arguments qui convainquent peu, ou d'excuses qui ne satisfont personne, M. de la Villesboisnet disait en pareil cas à ses amis : « Ces maîtres-là travaillent pour le bon Dieu... Donc, soyons plus larges ! »

Ce ne fut pas seulement en faveur des petits écoliers qu'il déploya ses talents d'architecte expert et bénévole ; dans l'occasion, il bâtissait de même pour les maîtres. — « Il y a quelques années, raconte un Frère de l'Instruction chrétienne, la maison-mère ne put, faute d'espace, recevoir les nombreux jeunes gens qui se présentaient pour travailler, dans nos rangs, à l'éducation de l'enfance. Les supérieurs durent chercher ailleurs un local suffisamment grand pour abriter les jeunes novices. Providentiellement, une vaste maison, avec un enclos, se trouvait à vendre à Hennebont, sur les bords gracieux du Blavet. Elle avait autrefois abrité sous son toit d'humbles vierges qui la sanctifièrent de leurs prières et de leurs mortifications. Elle devint plus tard une maison d'éducation qui eut ses heures de prospérité. En 1893, elle était en vente, avons-nous dit. Pour plusieurs raisons, même en dehors de la question financière, l'Institut ne pouvait songer à l'acquérir. Connaissant l'embarras des supérieurs et désireux d'étendre dans le diocèse de Vannes le bien qu'y fait la congrégation, M. de la Villesboisnet constitua, comme pour l'école Saint-François-Xavier, une société anonyme qui acheta l'ancien immeuble des Ursulines d'Hennebont, pour l'affecter à l'installation d'un noviciat de Frères de l'Instruction chrétienne... »

Notons, avant d'aller plus loin, que l'acquisition du bâtiment des Ursulines fut une de ses plus laborieuses conquêtes. Jamais on ne saura l'ennui et l'énorme correspondance qu'elle lui coûta, non plus que le nombre de voyages dont elle fut l'occasion. Les négociations, pour l'achat de l'immeuble, avec les héritiers du cardinal Lavigerie, ont, à elles seules, duré six mois. Et l'on peut dire que les travaux et les soucis de cette affaire contribuèrent, dans une large part, à l'altération de la santé du généreux ami des écoles, qui, pour la cause des maîtres catholiques, ne reculait devant aucune fatigue.

« Mais il fallait, continue le Frère narrateur, mettre la maison en état de recevoir ses nouveaux habitants et elle était dans le plus affreux délabrement. De grands travaux furent donc entrepris pour la rendre habitable et l'enclos lui-même subit d'utiles transformations. Ici encore, M. de la Villesboisnet présida à toutes les améliorations et à tous les remaniements exigés. Il s'astreignit à de continuels voyages et à une surveillance incessante. Il conçut d'heureux plans, il les exécuta et bientôt, sous son habile direction, le vieil édifice se rajeunit…

» Une opération vraiment hardie, téméraire même, si l'on veut, consistait à diviser en deux étages l'ancienne cave de la maison qui avait cinq à six mètres de hauteur, afin d'en utiliser la partie supérieure comme réfectoire. Un homme du métier ne l'aurait jamais voulu tenter ; M. de la Villesboisnet l'osa, et l'antique édifice ne croula pas, bien que l'on eût pronostiqué sa ruine (1). »

Sur cette opération plus que délicate, on nous a transmis un détail que nous n'aurions garde d'omettre. Il y avait d'énormes poutres à déplacer ; d'une fausse manœuvre, de graves accidents pouvaient s'ensuivre ; un homme pouvait être écrasé ou estropié. Pendant tout le travail, M. de la Villesboisnet ne quitta pas ses ouvriers d'une minute. Il était là, debout, le chapelet à la main, récitant force *Ave Maria* et dirigeant chaque mouvement avec sa sûreté de coup d'œil habituelle, avec le sang-froid d'un vieil entrepreneur.

On lit d'autre part, dans la relation manuscrite d'un Frère d'Hennebont : « M. le comte de la Villesboisnet venait de temps à autre à Hennebont, où tout le personnel le voyait arriver avec plaisir. Il s'intéressait à tout, au recrutement des vocations, à la santé de nos jeunes gens. Dans les conférences si pieuses et si instructives

(1) *Chronique* des Frères de Ploërmel, novembre 1901, pages 332 et 333.

qu'il a faites quelquefois aux novices, comme on sentait en ce cœur d'apôtre l'amour du bon Dieu et le zèle pour le salut des âmes ! Avant de leur parler, il ne manquait pas d'aller à la chapelle de la communauté, devant le tabernacle, se recueillir et prier. Aussi, un bon Frère disait : « Ce monsieur me paraît un saint religieux habillé en civil. »

» Quand il nous faisait l'honneur de prendre part à notre modeste repas de midi, il voulait que rien ne fût changé aux usages de la communauté ; et il écoutait attentivement, avec nos jeunes postulants, la lecture qui se fait au moment du repas.

» Il avait une pleine confiance dans la Providence ; il ne comptait que sur Dieu seul ; mais agissait cependant comme si Dieu ne devait lui aider en rien. — « Avec Dieu pour point d'appui, disait-il, souvent (comme il l'avait appris du P. Olivaint), la volonté et le travail pour levier, que de grandes choses deviennent possibles ! »

« Il lui a fallu cette énergie et cet esprit de foi, pour entreprendre, malgré des difficultés sans nombre et de toute sorte, la fondation de tant d'écoles chrétiennes qui font l'honneur du diocèse de Vannes (1). »

Notons en passant que là où M. de la Villesboisnet possédait un arpent de terre, il se regardait comme ayant charge d'âmes et qu'il y pourvoyait en élevant une école à ses frais. Nous avons vu qu'à Leudeville, l'école était entretenue par sa famille. De même à Sainte-Anne près

(1) Frère Pierre Étienne.

de Treulan et à Douarnenez, dans le Finistère, il avait ses écoles à lui. En venant de la gare à la basilique de Sainte-Anne, on rencontre son école de garçons, à l'entrée du village.

Concourir avec lui à l'éducation et au salut des enfants, c'était gagner à tout jamais son affection. Un jour, raconte un prêtre de Vannes, il me dit à Treulan, pendant le dîner : « Ah! voilà encore un bon ami qui vient de mourir. Les bons amis s'en vont. » Il s'agissait d'un humble vicaire de campagne qui l'aidait dans l'œuvre des écoles et qui du reste n'y ménageait point sa peine.

Est-il besoin de prouver longuement qu'il était payé de retour? Dans les lettres qui s'entassaient sur son bureau, nous en aurions eu des preuves innombrables ; mais, avec sa modestie coutumière, il eut soin, de les faire disparaître ; on n'en a retrouvé que quelques-unes, pas même une demi-douzaine, où il nous est bien difficile de glaner, vu leur caractère par trop intime.

Un Frère instituteur lui écrit : « Cher bienfaiteur, je n'oublie pas que je vous dois tout ; puisque je vous dois ce que je suis ; puisque je vous dois mon bonheur présent et futur. »

Un autre : « Que Dieu vous bénisse, monsieur le Comte et me garde, derrière vous, une toute petite place dans son saint Paradis. Que Dieu déverse sur vos chers enfants le centuple de ce que vous faites pour les moindres des enfants de Dieu. Que de mérites, quelle

couronne vous sont réservés ! C'est à en être jaloux. Je
prie avec vous et pour vous... »

Un Frère supérieur envoyé, par l'obéissance, dans
une autre province, lui écrit de Quimper : — « Je ne veux
pas quitter la Bretagne sans vous remercier de tout le
bien que vous avez fait à nos Frères ; et particulièrement
de votre appui et protection que vous m'avez si largement prodigués. Je n'oublierai jamais votre dévouement
à l'œuvre des écoles, vos sages conseils et les exemples
de désintéressement et de vues surnaturelles dont j'ai
été l'heureux témoin pendant quinze ans. »

Encore une fois, ce ne sont là que des fragments,
échappés à une destruction que regretteront les amis de
M. de la Villesboisnet et tous ceux qui continuent en
Bretagne la lutte scolaire. A défaut des lettres, où ses
protégés épanchaient leur gratitude et leur attachement,
voici quelques lignes adressées par un prêtre, à Mme de
la Villesboisnet, en apprenant la mort de ce vrai coopérateur et serviteur du clergé :

... « Ce n'est pas une paroisse, c'est le diocèse entier qui
pleure l'ami, le père, le conseiller, le bienfaiteur.

« Il a aimé les petits enfants. Aussi, comme le bon Maître
l'a reçu avec joie, avec amour. Que d'enfants moissonnés à
la fleur de l'âge lui doivent le bonheur dont ils jouissent dans
le ciel. Quelle couronne pour lui !

» Au moment où l'horizon s'assombrit de plus en plus, où
la guerre éclate plus acharnée, plus terrible que jamais, Dieu
nous enlève le grand lutteur. D'autres pourront y voir des

motifs de découragement. Moi, j'y vois la main du bon Dieu qui abat pour relever.

» Il est mort sur le champ de bataille, celui qui voulait combattre jusqu'à la victoire. Dieu lui a donné prématurément la récompense bien méritée. Nous aurons un intercesseur de plus en faveur de nos écoles chrétiennes. En priant pour lui, nous l'invoquerons en faveur de nos petits enfants et de nos établissements où Dieu, grâce à lui, règne encore en Maître. Il nous aidera, avec plus d'efficacité, à continuer le combat.

» Avec quel souvenir attendri je le vois encore dans mon presbytère..., au milieu de nos braves paysans, auxquels il donnait des avis si sages, si pratiques, si pleins d'une affectueuse condescendance.

» Pour moi, particulièrement, M. le Comte se montrait d'une bonté dont j'ai gardé un doux souvenir.

» C'était un ami. »

Ces lignes, tous les prêtres qui l'ont connu, qui l'ont vu travailler avec eux, pour eux, chez eux, peuvent les signer. Il était vraiment pour tous un ami.

VIII

LES ÉCOLES LIBRES

(Suite)

Mais nous n'avons dit encore que la moitié de ce qu'il a fait et voulu faire, dans l'œuvre des écoles, le côté matériel de son action. Après avoir édifié des murs pour abriter maîtres et élèves, restait à promouvoir le travail proprement dit de l'éducation chrétienne, sans quoi les « Palais scolaires » eux-mêmes ne sont que de lamentables masures, où l'on étouffe et déprime les âmes.

Le but où visait le secrétaire de la commission de défense, il l'a défini dans cette phrase qu'il emprunte à une Lettre du pape Léon XIII : « Il faut que tout l'enseignement exhale comme une odeur de piété chrétienne. » Et dans cette autre phrase qui est de lui : « La pensée de Dieu doit revenir sans cesse, même au milieu des travaux de la classe; l'atmosphère de l'école libre doit être, dans toute la force du mot, une atmosphère chrétienne (1). »

Des chrétiens avant tout; des chrétiens solides, qui pratiquent leur religion, mais qui la connaissent à fond,

(1) Bulletin de la *Fête des écoles*, 1887, page 10.

et dont l'étude du catéchisme doit être l'étude capitale, voilà son idéal raisonné et voulu. La science, M. de la Villesboisnet la réclamait sans doute; mais celle qui convient à l'âge, à la condition sociale des petits écoliers. Un Frère de Ploërmel en a fait la judicieuse remarque : « M. de la Villesboisnet, dit-il, tout en aimant l'instruction populaire et en la favorisant de tout son pouvoir, n'était pas partisan de son développement inconsidéré. Il aurait craint qu'elle ne devînt une cause de déclassement social ; et il voulait qu'elle fût en harmonie avec les milieux, avec les besoins spéciaux des populations (1). »

L'enseignement religieux devait tenir le rang d'honneur. Afin d'en mieux faire saisir l'importance et d'en fixer la pensée dans l'esprit des enfants, M. de la Villesboisnet créa, en 1887, au nom du comité de défense, le *Prix d'instruction religieuse*, pour lequel toutes les écoles du diocèse étaient invitées à concourir. Les sujets de composition, choisis ou approuvés par Monseigneur de Vannes, comprennent en général deux questions de catéchisme et deux d'Histoire sainte. Le nombre des concurrents est limité à dix par école. M. de la Villesboisnet examinait d'abord par lui-même les travaux envoyés; « les devoirs des élèves étaient en grande partie corrigés et annotés par lui (2). » Toutefois comme la besogne finissait par devenir écrasante — le nombre des copies

(1) *Chronique,* etc., novembre 1901, page 330.
(2) Bulletin de Saint-Jean-Baptiste de la Salle, janvier 1902, page 40.

du concours s'élevant, en 1895, à quinze cent quatre-vingt-deux ; et, en 1896, à mille neuf cent cinquante-deux — la correctoin en fut confiée, soit à des élèves du Grand Séminaire, soit à des professeurs du collège Saint-François-Xavier. Des prix ou des accessits sont décernés aux lauréats ; et, pour ne citer que l'un des concours, un bel exemplaire illustré de la *Vie du Bienheureux J.-B. de la Salle*, fut offert, en 1888, à chacune des quatre-vingt-treize écoles qui avaient concouru. Dans la réunion annuelle de la fête des écoles, M. de la Villesboisnet résumait, en les appréciant, les résultats des compositions — dont un grand nombre atteignaient la note *Très bien.*

Les prix et les accessits, dans la pensée du secrétaire qui songeait à tout, avaient sur le certificat d'études, « l'avantage d'introduire dans la famille de bons livres et de pieuses gravures, à la place d'un diplôme qui, trop souvent, usurpe au logis la place d'honneur appartenant aux crucifix et aux images des saints (1). »

Mais, outre le concours d'instruction religieuse, deux autres sortes de récompenses sont établies, depuis 1895, dans les écoles libres du Morbihan :

1° Pour l'*Enseignement primaire;* dont les prix sont donnés par le Comité diocésain, à la suite des inspections paroissiales instituées par Monseigneur l'Evêque de Vannes ;

(1) Bulletin, etc., 1895, page 17.

2° Pour l'*Enseignement professionnel*, dont les prix sont offerts par l'Association bretonne.

Naturellement, l'un et l'autre de ces deux grands concours ont été, comme le précédent, organisés et mis en bonne voie par M. de la Villesboisnet, qui expose, en ces termes, la fin, l'objet, la méthode des *Inspections paroissiales* :

« Plus les écoles libres se multiplient et plus il devient nécessaire de les soumettre à des inspections sérieuses, afin de bien s'assurer que tout y converge vers le même but : former des chrétiens vaillants, assez instruits de la religion, assez fermes dans la foi pour résister aux entraînements du siècle.

» Les maîtres, quels qu'ils soient, ont besoin d'encouragements, et il suffit de voir l'empressement avec lequel nos excellents Frères et nos dévouées religieuses accueillent ceux qui viennent interroger leurs élèves, pour comprendre tout le prix qu'ils attachent à la visite de leur classe.

» Les élèves, de leur côté, doivent être constamment stimulés pour faire des progrès. Quel plus puissant levier peut-on mettre entre les mains des professeurs pour obtenir assiduité, travail et bonne tenue que le souvenir et la perspective des examens ?

» A une époque où la loi ferme au prêtre les portes de l'école officielle, la sollicitude des pasteurs pour l'école libre doit être telle que chacun comprenne que là est le salut.

» Il faut que, par une action constante, **M. le Curé** ou M. le Recteur fasse sentir son influence bienfaisante **et** exerce un contrôle réel, au moyen d'inspections périodiques.

» Enfin, les fondateurs et les bienfaiteurs ont euxmêmes besoin d'être associés à la marche de l'école pour lui continuer leur intérêt et leurs largesses.

» Telles sont les principales raisons qui militent **en** faveur des inspections paroissiales et qui doivent influer sur la composition des jurys, dans lesquels les hommes charitables à qui l'école doit son existence **et** son maintien, ont leur place marquée à côté des membres du clergé et d'un représentant de la congrégation religieuse à laquelle l'école est confiée...

» Les jurys, présidés par MM. les Curés ou les Recteurs, doivent se composer des prêtres de la paroisse, d'un délégué choisi, en dehors du personnel de l'école, par les Supérieurs généraux; enfin, des fondateurs et des bienfaiteurs constitués en comité local (1). »

Et, pour appuyer ses raisons si bien déduites, le secrétaire organisateur cite les décrets des anciens Conciles de France, qui ordonnaient aux curés de visiter souvent les écoles de leurs paroisses, d'interroger les enfants et de les animer « à bien apprendre, par de petits présents (2). »

(1) Bulletin, etc., 1892, pages 13 et 14.
(2) Bulletin, etc., 1893, pages 14-17.

M. de la Villesboisnet appartenait de droit aux commissions d'inspection et d'examen des écoles ; il se faisait un devoir d'y venir prendre sa place, non pour l'honneur, mais pour la charge. En compagnie de huit ou dix prêtres et laïques, il assistait aux examens de la grande école de Vannes ; restant là du matin au soir, interrogeant les petits écoliers, avec la clarté encourageante d'un vieux professeur, l'attention aimable et discrète de l'homme du monde qui s'intéresse à tout ce qu'on lui dit.

Dans les matières de l'*Enseignement professionnel*, dont il se faisait l'ardent promoteur, M. de la Villesboisnet en comprenait surtout deux, auxquelles son patriotisme éclairé attachait une spéciale importance : l'enseignement agricole et l'étude de la langue bretonne. Il voulait inspirer aux petits écoliers l'amour vrai de leur pays de Bretagne ; et que la devise de leur vie fût le refrain du cantique fameux, chant national de l'Armorique :

Catholique et Breton toujours !

Quoi de meilleur, que de leur apprendre, avec la foi, les moyens de cultiver le sol et le langage des aïeux ?

En 1891, le Comité de défense avait résolu que désormais le breton figurerait au programme de toutes les écoles libres dans la partie du diocèse où les prédications se font dans cette langue ; qui n'est point « un patois, » comme on le prétendait naguère au Parlement, avec une dédaigneuse et déplorable ignorance.

Les Supérieurs des congrégations enseignantes se prêtèrent volontiers à cette mesure, que Mgr Bécel approuva de grand cœur. Des prêtres distingués composèrent même à cette intention des livres, qui depuis aident efficacement dans cette tâche patriotique les professeurs et les élèves (1). Quand il s'agit d'expliquer cette innovation, d'en démontrer les avantages, d'en exposer la facilité d'exécution, M. de la Villesboisnet, d'ordinaire si calme, s'enhardit jusqu'à l'éloquence.

« Il y a, dit-il, mieux à faire que de se lamenter platoniquement de la disparition lente mais continue de la langue bretonne.

» S'il ne nous est pas possible, comme à nos frères du pays de Galles, d'obtenir des pouvoirs publics une place pour la langue bretonne dans le programme des écoles officielles, rien du moins ne nous empêche de l'enseigner aux élèves de nos écoles libres.

» Quoi de plus rationnel que d'apprendre à lire et à écrire en breton à des enfants dont la pensée revêt la forme propre au génie de cette langue parce qu'ils l'ont parlée la première ! Rien ne saurait d'ailleurs être plus favorable au développement de leur intelligence, car, pour bien profiter d'un enseignement, la première condition est de parfaitement comprendre le sens et la portée des expressions employées par le professeur. L'étude de la langue française ne pourra elle-même que gagner

(1) Nommons ici M. le chanoine Le Mené, M. le vicaire général Jégouzo et M. l'abbé Buléon, curé doyen de Bignan, alors professeur à Sainte-Anne.

à ce nouvel enseignement, si l'on reprend l'excellent usage des exercices de traduction. Enfin, qui n'aperçoit les précieux avantages que l'étude du breton est appelée à produire au point de vue religieux et social? Quand, à la récitation du catéchisme viendront se joindre des devoirs sur la religion, l'instruction des enfants se perfectionnera d'autant plus qu'ils comprendront mieux ce qui leur sera enseigné.

» Nous assistons, depuis quelque temps, à un réveil des nationalités dont le signe est la résurrection de la langue nationale. Ce qui se fait sous d'autres cieux peut également se faire chez nous. Le maintien de nos vieilles traditions, la conservation de la foi de nos pères y sont également intéressées (1). »

« Nous nous sommes efforcés, dit-il un autre jour, de faire ressortir l'anomalie qui consiste à donner en langue française, dans nos écoles libres, une partie de l'enseignement religieux à des enfants parlant le breton, apprenant le catéchisme breton, se confessant en breton, et entendant à l'église des prédications bretonnes » (1893 ; page 18). — « A des enfants qui, pendant toute leur vie, n'entendront parler de Dieu qu'en langue bretonne, ne convient-il pas d'enseigner la religion en breton? » (1892 ; page 17).

Les meilleurs esprits en Bretagne pensaient là-dessus comme M. de la Villesboisnet; et pour le plus grand bien de tout le pays, il eut assez vite cause gagnée. Il

(1) Bulletin, etc., 1891, page 17.

écrivait en 1898 : « Plusieurs de nos vicaires instituteurs et un bon nombre de Frères ont entrepris de mettre en lumière, par des résultats acquis, la grande supériorité de la méthode rationnelle de l'étude du français par le breton, sur la méthode barbare de la proscription systématique de la langue des aïeux. Honneur à ces nobles pionniers, dont l'exemple sera suivi... »

Honneur également, dirons-nous, à celui qui a si bien compris les véritables intérêts du pays qu'il aimait et pour lequel il se dépensait sans compter avec ses propres forces. — « Tant de labeurs, écrit un Frère de Ploërmel, épuisèrent sa santé pourtant robuste. Il dut s'aliter et tomba gravement malade. Avec des soins intelligents et dévoués, il réussit cependant à se guérir et à retrouver sa vigueur accoutumée. Allait-il, cette fois, savoir la conserver et se renfermer désormais dans les bornes d'un zèle prudent et sage? Celui qui en aurait ainsi jugé, aurait mal connu le tempérament, peu disposé aux précautions, de M. le comte de la Villesboisnet; il reprit sa tâche avec son ardeur habituelle. Mais Monseigneur, ému de tant de dévouement, lui imposa l'obligation de prendre un secrétaire. A partir de ce moment, il eut, pour l'aider, un Frère de l'Instruction chrétienne. »

Cette charge du Frère secrétaire était autre chose qu'une sinécure. Suivant la pittoresque expression d'un témoin, c'étaient « des paniers de lettres » que le courrier apportait à Treulan. Il fallait dépouiller, lire et répondre. M. de la Villesboisnet se rendait compte de tout, lettres et réponses. Or, vers la fin, ce n'était plus seulement de tous les points du Morbihan, que l'on consultait le juriste et le créateur d'écoles; c'était des quatre coins de la Bretagne et de la France.

Mais, grâce à Dieu, plus il se donnait, plus il se sentait compris et soutenu, sur toute la ligne; plus enfin il rêvait d'étendre ses sollicitudes au delà du cercle déjà bien large où son zèle évoluait. On peut dire que, dans toute la vérité du terme, c'était un prévoyant de l'avenir. Au mois d'octobre 1895, il résumait dans les lignes suivantes l'état consolant du présent, ses aspirations, ses espérances :

« Nos dames patronnesses, inspirées par la charité, n'auront pas à redouter la concurrence des philanthropiques dames patronnesses de M. Poincaré. Le dévouement au-dessus de tout éloge de nos infatigables quêteuses grandira encore, s'il le faut, pour être toujours à la hauteur des besoins nouveaux que la législation fiscale pourra créer.

» Nous continuerons à multiplier le nombre des écoles libres tant qu'il restera des paroisses à en être dépourvues. Non content de former chrétiennement l'enfance, nous reprendrons au programme de M. le Ministre tout ce qu'il a emprunté au nôtre : nous créerons, dans toutes les paroisses, des œuvres de persévérance pour les jeunes gens. Nos prêtres brevetés, nos Frères et nos religieuses ne reculeront pas devant la fatigue des cours du soir et des cours d'adultes partout où ils seront nécessaires.

Enfin notre vaillant clergé, guidé par notre pieux et saint évêque, saura grouper autour de lui, sous forme de conférences de Saint-Vincent-de-Paul, de confrérie du Saint-Sacrement, d'association de la bonne mort, de confrérie de N.-D. des Champs, de N.-D. de la Mer ou de N.-D. des Armées, l'élite de la paroisse, afin de rayonner par elle et d'opposer au flot de l'impiété un véritable courant de foi et d'esprit chrétien. »

Programme magnifique; mais qui ne dépassait ni la confiance de l'orateur qui le formulait, ni le courage sacerdotal des auditeurs auxquels il l'exposait.

Le « pieux et saint évêque, » dont M. de la Villesboisnet saluait dans ce discours la vigilante direction et l'énergique douceur, allait bientôt être rappelé à Dieu; après avoir prodigué à l'œuvre des écoles et au secrétaire de son comité le constant appui de ses lumières, de son autorité, de son efficace bienveillance. Si l'on veut se faire une idée de son entière conformité de vues avec M. de la Villesboisnet, il faut relire les lettres qu'il lui adressait chaque année, pour le remercier, le bénir, et, avec lui, ses collaborateurs. Nous n'avons pu en citer que de courts fragments.

Le 29 octobre 1896, le vénéré pasteur lui témoignait, une dernière fois, sa vive reconnaissance, pour le concours, que lui et ses amis prêtaient à leur évêque, « depuis longues, *trop longues années*, dans l'œuvre de salut religieux et social que nous avions, dit-il, le devoir d'entreprendre, et que nous poursuivrons, Dieu aidant, avec une fermeté inébranlable, au prix des plus grands sacrifices (1). »

Le 6 novembre 1897, mourait, au bout de 32 ans d'épiscopat, après avoir voulu, quoique souffrant, honorer encore de sa présence, la fête des écoles, Mgr Jean-Marie Bécel, évêque de Vannes; ou, pour nous servir des paroles mêmes de M. de la Villesboisnet, « l'enfant du diocèse qui, par ses rares qualités, avait su faire accepter de tous son autorité de Pontife et de Père, quittait cette terre d'exil (2). »

Le successeur que Dieu lui donna, se déclara hautement, même avant son sacre, l'héritier du Pontife et du Père que pleurait le diocèse, dans l'intérêt et l'affection qu'il avait portés aux écoles chrétiennes. Le 25 avril 1898, l'évêque élu de Vannes, Mgr Latieule, écrivait de Rodez au secrétaire et aux membres de la Commission de défense :

... « C'est une vraie bénédiction du Ciel, que vous ayez pu vaincre tant de difficultés, et conserver l'enseignement catholique dans nos innombrables écoles primaires. Grâce à votre entente éclairée, à votre ferme direction, aux généreux sacrifices de tant de cœurs vaillants et dévoués, vous avez réalisé des prodiges pour la conservation de la foi dans l'âme des enfants du peuple. »

Et, le jour de la première fête des écoles qui suivit

(1) Bulletin de la *Fête des écoles*, 1896, page 23.
(2) Bulletin, etc., 1898, page 10.

sa prise de possession, le nouvel évêque, du haut de la chaire de sa cathédrale, proclamait son ferme vouloir de maintenir, favoriser, promouvoir l'enseignement libre déjà si florissant dans son diocèse :

« Que dire des aveugles qui prétendent supprimer Dieu de la formation intellectuelle et morale de l'enfant, dans l'éducation de la jeunesse française ?

» Pour nous, catholiques, l'enseignement athée est et restera une monstruosité à laquelle, par nos constants efforts, nous soustrairons toujours l'enfance chrétienne. Le triple amour de Dieu, du prochain et de la patrie active notre zèle, et nous soutiendra jusqu'au jour d'une complète victoire sur le terrain des libertés nécessaires.

» En face de toutes les sectes coalisées et des écoles sans Dieu qu'elles entourent de toutes leurs faveurs, gardons-nous contre le découragement, plus à craindre que nos ennemis eux-mêmes. Usons largement du reste de liberté que nous confère la loi ; serrons-nous au cri invincible de : « Nous voulons Dieu dans nos écoles ! »...

» Mon Dieu ! Quel spectacle attendrissant ! Je prête en ce moment l'oreille aux accents de détresse qui montent vers moi. C'est l'Eglise, bonne mère à laquelle on s'efforce d'arracher les enfants qu'elle a baptisés : « Ces petits que j'ai portés demandent Jésus, vrai pain de vie, » *parvuli petierunt panem*. O sainte Eglise, n'achève pas la plainte du prophète : Et il n'y a personne pour leur en donner, *et non erat qui frangeret eis !* Car nous sommes là, nous, parents chrétiens, nous, après

Dieu, les maîtres de vos enfants ; nous sommes là, nous, les amis de l'enfance, nous, les vrais sauveurs de la patrie, nous sommes là pour arracher à l'impiété ces tendres âmes et les conserver à la foi catholique... »

Fort du paternel appui, dont il recevait, une fois de plus, l'assurance solennelle, dans ces paroles vraiment épiscopales, M. de la Villesboisnet poursuivait sa tâche pour garder Dieu dans les écoles. — « Les sages conseils de notre évêque, ses bienveillantes exhortations, sa constante sympathie, le dévouement du clergé, » tout enfin, disait-il, le conviait à marcher de l'avant, malgré l'audace des sectaires, malgré les deuils qui se multipliaient autour de lui, et alors même que la mort frappait à ses côtés les amis qui le secondaient depuis vingt ans. Après Mgr Bécel, il eut la douleur de perdre le président du Comité de défense, M. le vicomte Roger Harscouët de Saint-George ; dont il prononçait ainsi l'éloge — un éloge que l'on pourrait si bien lui appliquer à lui-même :

« Le vicomte Roger-Joseph-Marie Harscouët de Saint-George était un homme de foi, d'esprit et de caractère. Sa vie peut se résumer en deux mots : fidélité, honneur.

» Intransigeant sur les principes, conciliant dans leur application, notre vaillant ami n'avait jamais varié dans ses convictions, et professait le même amour pour l'Eglise et pour la France.

» Vaillant officier, il aurait voulu tomber sous les

balles ennemies en défendant l'honneur et l'intégrité de notre territoire.

» Vice-Président du Conseil général, membre de la Commission départementale, on le vit toujours debout, luttant sans trève ni merci pour toutes les nobles causes.

» Au conseil d'administration de la Société anonyme de l'école libre Saint-François-Xavier, combien était apprécié le charme de ses relations, la sûreté de son jugement et son dévouement à toute épreuve !

» Mais ce fut surtout dans notre commission de défense de l'enseignement chrétien et des intérêts religieux du diocèse de Vannes, que notre regretté Président déploya son zèle et montra les rares qualités de son esprit et de son cœur.

» Pendant vingt ans, il dirigea nos travaux avec une infatigable ardeur, sachant éviter avec un tact exquis tout ce qui pouvait entraver l'initiative de ses collègues, devant laquelle il savait s'effacer toujours lui-même...

» Aussi, que de générations d'enfants doivent à notre œuvre leur salut ! Que de petites âmes moissonnées dans leur fleur, ont eu, grâce à elle, l'école chrétienne pour vestibule du Ciel !

» En entendant, le jour de ses funérailles, les prières liturgiques inviter les anges à conduire son âme en paradis, il nous semblait que toute une légion de jeunes prédestinés sortis de nos écoles venait à sa rencontre, et se prosternait devant le trône de Dieu en disant :

« Celui-ci contribua à nous sauver; daignez lui faire miséricorde (1). »

Le successeur de M. de Saint-George, un « ami et camarade de toute sa vie, » M. le comte Lanjuinais, député du Morbihan, était, le 25 octobre 1900, présenté en ces termes à la commission de défense par le secrétaire : « A notre assemblée générale de 1899, nous avons eu à déplorer la mort de notre Président, M. le vicomte Roger Harscouët de Saint-George. Son ami, M. le comte Lanjuinais, a bien voulu le remplacer, donnant ainsi une nouvelle preuve de son dévouement à toutes les nobles causes. Il serait contraire à nos traditions de faire l'éloge de notre nouveau Président : nos morts seuls y ont droit. Mais quand on connaît la vie occupée de M. Lanjuinais, on a peine à admettre l'excuse de ceux qui refusent de s'associer à notre œuvre, sous prétexte qu'ils n'en ont pas le temps. »

On a dit de certains hommes qu'ils savent créer le temps, quand ils ne l'ont pas. M. de la Villesboisnet fut de ceux-là. Le temps, il sut l'inventer ou le créer, chaque fois qu'une « noble cause » sollicita sa charité, son besoin de rendre service, sa passion pour la gloire et le règne de Dieu. Il nous reste à en fournir une des preuves les plus signalées; en racontant ce qu'il a fait pour une autre école qui avait été la sienne aux jours de son enfance, qu'il ne cessa de chérir comme sa seconde maison de famille; dont il a été l'honneur; et, comme on l'a

(1) Bulletin, etc., 1899, pages 4-6.

dit avec justice, qu'il a fait vivre pendant vingt ans, les derniers vingt ans de sa propre vie.

Tandis qu'il bâtissait et soutenait ses 150 écoles chrétiennes du Morbihan, il protégeait l'existence féconde de son collège Saint-François-Xavier; menant de front cette double mission où rivalisaient, si j'ose dire, sa foi et son cœur. Aussi bien, tout en se félicitant de son zèle pour leur collège, les *anciens* de Saint-François-Xavier applaudissaient-ils aux succès de toutes ses fondations scolaires pour les enfants du peuple. Le 26 novembre 1888, au nom des membres de la Société civile de l'école, le président, M. le marquis de Gouvello, s'exprimait ainsi :

« Dans cette lutte, où nous avons eu à triompher de difficultés multiples, le désir de contribuer à la formation chrétienne de la jeunesse, pour Dieu et pour la France, nous a toujours soutenus. Nous avons compris que si nous ne résistions pas aux efforts que font les propagateurs de la libre-pensée pour détruire le sentiment religieux, notre pays serait bientôt livré à la démoralisation et à l'athéisme.

» Nous avons accepté la tâche, et, permettez-moi de vous le répéter, Messieurs, nous devons remercier la Providence d'avoir placé au premier rang parmi nous, un homme dont le zèle, le savoir-faire et la ténacité nous ont si puissamment aidés à éviter les écueils semés sur notre chemin. M. Ludovic de la Villesboisnet a bien mérité de la jeunesse française; non seulement en réédifiant notre cher collège, mais encore en fondant l'œuvre, si précieuse pour notre Morbihan, des écoles chrétiennes libres (1). »

Le 21 juin 1891, un de ses condisciples, M. le vicomte Charles de la Noüe, député des Côtes-du-Nord, rappelait devant leurs maîtres d'autrefois et leurs jeunes camarades ce que faisaient pour le peuple, chacun dans leur sphère, suivant leurs moyens et aptitudes, lès hommes formés, depuis quarante ans, au collège des Jésuites de Vannes :

« Dans quelque situation qu'ils occupent, disait-il, je les vois renommés comme des hommes remplis de bienveillance, d'énergie et de charité. Faut-il secourir le pauvre, les malheureux? Nous sommes là. Faut-il aller vers l'ouvrier, vers le travailleur? Nous sommes là; et nous nous gardons bien de porter à ces déshérités de la fortune les irréalisables promesses, dont l'énonciation ne fait qu'exciter l'envie, en retardant la solution si ardemment désirée par tous, et si magistralement indiquée naguère par la main de notre Saint-Père le Pape Léon XIII.

» Enfin, puisque je suis dans un collège, vous me permettrez de parler d'instruction, même d'instruction primaire. Vous connaissez les lois scolaires d'aujourd'hui; leur but, c'est d'élever les générations actuelles et futures sans l'idée de Dieu, dont le nom même ne doit plus être prononcé. La lutte contre ces lois est la plus belle œuvre qu'on puisse entreprendre. Je vous le demande, où cette

(1) Compte rendu de la 7e assemblée générale, pages 6-7.

œuvre a-t-elle été mieux comprise, où cette lutte a-t-elle été mieux conduite que dans notre cher Morbihan, et cela, grâce à un ancien élève de Saint-François-Xavier. Si je proclame son nom, mon vieil ami m'en voudra; — le nom s'échappe de mes lèvres : c'est Ludovic de la Villesboisnet (1). »

Le 9 juin 1895, un autre membre du Parlement et ancien élève de Saint-François-Xavier, M. Gustave de Lamarzelle, énumérant les causes auxquelles le collège doit d'être demeuré une citadelle de foi et de courage, en des jours d'universelle défaillance, s'écriait, aux applaudissements prolongés de son auditoire : « ... Il le doit... spécialement au zèle de celui qui a fait, de la conservation et de la propagation de l'instruction chrétienne à tous les degrés, dans ce diocèse, l'œuvre de sa vie si remplie, notre vieux camarade de la Villesboisnet. »

Et nous ne saurions mieux finir ce long chapitre, qu'en répétant la phrase prononcée par M. de Gouvello : « M. Ludovic de la Villesboisnet a bien mérité de la jeunesse française. »

(1) Association amicale des anciens élèves de l'École libre Saint-François-Xavier; compte rendu de 1891, pages 35 et 36.

IX

LE COLLÈGE SAINT-FRANÇOIS-XAVIER

Quand Ludovic de la Villesboisnet s'installait, en 1874, au manoir de Treulan, le collège Saint-François-Xavier venait de traverser la période de son histoire, que l'on a surnommée, non sans raison, *L'âge héroïque.*

Il avait envoyé plus de 150 zouaves au grand Pape Pie IX, qui avait dit : « De tous les collèges de France, c'est celui qui m'est le plus cher : car aucun ne m'a donné autant de défenseurs. » Et l'un de ces braves, soldat de Castelfidardo et poète, a pu écrire : Notre collège, avant de compter dix ans d'existence, a compté des martyrs, vengeurs du Pontife-Roi :

> *De notre Dieu pour nous délicatesse exquise,*
> *Le premier flot de sang a coulé pour l'Église.* (1)

Environ 400 prêtres et religieux étaient sortis de ses rangs; 400 de ses anciens élèves avaient combattu et souffert pour la patrie, pendant l'Année terrible, sur une douzaine de champs de bataille; tous avaient fait leur devoir; 26 étaient morts à l'ennemi. Et, le 2 décembre

(1) Charles Tresvaux du Fraval, *Nos Martyrs*, Vannes, 18 juin 1878.

1870, à Loigny, l'un d'eux dressait dans le ciel sombre le fanion du Sacré-Cœur ; et tandis qu'il tombait en criant : « Sauvez le drapeau ! » plusieurs de ses camarades tombaient autour de lui, offrant, pour le salut de la France, leur sang et leur vie.

Saint-François-Xavier avait retrouvé, dans la paix, ses 600 élèves d'avant la guerre et ses pacifiques triomphes. Mais l'âge de l'*Epreuve* allait s'ouvrir. Ludovic de la Villesboisnet arrivait juste à point, pour lutter sur cet autre champ de bataille, et jusqu'à la mort. Dorénavant, pas un événement de quelque importance dans les annales du collège, où l'ancien petit élève de 1853 n'ait eu sa part — souvent une large part ; — et nous pourrions presque nous borner à transcrire les faits principaux du beau livre de M. Fernand Butel, *Un collège breton*, en ajoutant à chaque récit : Ludovic de la Villesboisnet était là ; et il se dévouait.

Mais il n'avait pas attendu son retour en Bretagne pour prendre à cœur les intérêts du collège. En 1868, un ancien élève de Saint-François-Xavier, avocat à la Cour d'appel de Paris, que bientôt la mort allait frapper dans la force de l'âge et la plénitude du talent, M. Frédéric Chartier, avait eu la pensée de réunir les anciens élèves de Vannes habitant alors la capitale et de fonder avec eux une *Association amicale ;* afin, disait-il, « de renouer le lien qui s'était formé dans de si belles années. » Il avait obtenu près de 200 adhésions ; et, le 24 mai, jour de Notre-Dame Auxiliatrice, dans la Salle « impériale et centrale d'Horticulture, » 28 de ses camarades étaient groupés autour de lui; parmi lesquels Arthur et Ludovic de la Villesboisnet. Tous deux furent nommés membres du Comité d'administration; et comme, en fait d'ordre, de tact, d'activité, de discrétion, Ludovic avait déjà donné sa mesure, il fut choisi d'emblée pour trésorier; charge où la confiance de ses amis l'a maintenu jusqu'à la fin. Son premier rapport accuse un très modeste actif de 555 fr. 55.

Le 21 mai 1870, il annonçait déjà de généreuses souscriptions grâce aux 230 adhérents, un achat de rentes sur l'Etat, un beau chiffre d'aumônes, une « prodigieuse diminution » dans les dépenses courantes; enfin, avec une satisfaction qui transpire même à travers ses comptes, il affirmait « les progrès acquis, l'œuvre désormais solidement fondée, de prochaines et fécondes espérances pour l'avenir. » — Hélas! l'avenir, c'était, dans deux mois, la guerre, l'invasion, la Commune, la ruine; et l'héroïque mort de l'un des fondateurs, Jacques de Bouillé, le porte-étendard du Sacré-Cœur à Loigny.

En cette dernière assemblée du 21 mai 1870, on avait voté la fondation d'un prix annuel, offert par l'Association amicale aux élèves de philosophie, première année. Ce fut Ludovic de la Villesboisnet qui eut à s'occuper de ce *Prix d'honneur;* et, dans une liasse de papiers concernant le collège, nous avons retrouvé plusieurs lettres écrites par lui à ce sujet, quelque temps avant son départ pour l'armée. Il y parle du choix des volumes, qu'il a eu grand'peine à se procurer, l'édition étant épuisée; il a pris soin de la reliure, et finalement de l'envoi. La dernière est du 23 juillet. Nous la transcrivons, à titre de document :

MON RÉVÉREND PÈRE,

Je viens de déposer au bureau du chemin de fer d'Orléans, les quatre volumes des *Conférences du Père Lacordaire,* qui forment le prix de l'Association, avec ordre de vous les expédier par la grande vitesse.

Soyez assez bon pour les réclamer, s'ils tardent à vous arriver, et aussi pour m'en accuser réception.

Mes parents me chargent de vous remercier de votre bon souvenir, et se joignent à moi pour vous offrir la nouvelle assurance de nos sentiments respectueux et dévoués.

L. E. DE LA VILLESBOISNET.

Le 23 juillet 1870.

Sitôt que l'horizon commença de s'éclaircir, même en la sanglante année 1871, le Comité se réunit; et en attendant des jours meilleurs on se remit à la besogne; afin, dit une vieille circulaire que nous avons sous les yeux, de resserrer « fortement les liens qui nous unissent. » La circulaire portait en tête les noms de MM. Chartier et Ludovic de la Villesboisnet : « Après de telles séparations, disent-ils, nous serons trop heureux de nous retrouver et de nous compter. »

Mais pour se retrouver en grand nombre, pour resserrer fortement les liens de famille, n'était-il pas naturel et à propos de se rapprocher du centre commun où tous avaient commencé de vivre la même vie? Conserver à Paris le siège social, c'était aller contre l'ordre des choses; et, suivant le mot de l'un des membres, c'était mettre la tête trop loin du cœur. Vannes est à 140 lieues de Paris; or, c'est en Bretagne surtout et dans les provinces voisines, que se recrute le collège :

Bretagne, Normandie, Anjou, Maine et Vendée,
Ne forment qu'un seul peuple à Saint-François-Xavier.

Donc, l'Association amicale devait avoir son centre à Vannes même, où les maîtres d'antan continuaient de former les jeunes générations, auxquelles il fallait donner l'exemple et l'appui. C'était l'avis des membres du Comité de Paris, en conformité avec les désirs du plus grand nombre. Ce fut évidemment l'avis unanime des Pères de Vannes, gardiens des traditions chères à tous et maintenant à Saint-François-Xavier cet esprit de corps qui attire aux réunions de famille et qui en fait le charme.

Le plus ancien Père de Vannes, ce « vétéran du collège Saint-François-Xavier — comme s'exprime un ancien de la première génération — qui nous a tous connus, nous a tous élevés, et dont le cœur si grand et si généreux bat si fort à l'unisson du nôtre (1), » le P. de Beuvron, s'employa au rapprochement, à ce qu'il appelait une décentralisation sur le modèle des vieilles provinces

(1) Compte rendu de 1877, page 17.

de France. Il y travailla avec entrain, persévérance et succès; succès d'autant plus complet, qu'il fut activé par M. de la Villesboisnet redevenu Breton autrement que de cœur et d'origine. Le 21 juin 1875, en la fête de saint Louis de Gonzague, les statuts furent définitivement rédigés; on décida que les externes feraient partie de l'Association, réservée aux internes par le Comité de Paris; enfin, comme parle l'historien du collège, « on s'empressa de confirmer dans la charge de trésorier un des fondateurs de 1868, M. Ludovic de la Villesboisnet qui, dès la première heure, avait rempli ces délicates fonctions avec une sollicitude et une habileté que rien n'avait pu trouver en défaut (1). »

Ce jour-là aussi, à l'unanimité des voix, on élut pour secrétaire M. l'abbé Louis Chauffier à qui, depuis lors, l'Association amicale de Vannes doit ses Bulletins annuels, exacts comme les comptes du trésorier général, intéressants comme des mémoires; et qui forment ces précieuses archives de l'amitié où nous avons puisé à deux mains.

Quant au trésorier, les deux présidents qui se sont succédé, de 1875 à 1902, l'ont jugé chacun d'un mot : « Il suffit à tout; il réussit à tout, » disait de lui, M. Alexandre de la Cochetière; et M. Charles de la Noüe, avec une modestie contre laquelle protestent la vérité et la reconnaissance : « J'étais le président *fainéant;* ou du moins qui trouvait tout le travail fait

(1) *Un Collège breton*, page 303.

admirablement et sans bruit. » Tous les autres membres du Comité central l'ont jugé, non par un mot mais par un acte d'une éloquence significative. Un jour qu'il s'agissait du placement des valeurs disponibles et que le trésorier s'enquérait de l'avis des délégués, l'avis immédiatement rendu fut celui-ci : « Le Comité ayant pleine confiance dans la grande expérience de son trésorier général, l'autorise à choisir les valeurs qu'il croira les plus sûres. » De cette pleine confiance, le trésorier reçut l'assurance maintes fois renouvelée et il la justifia.

Dès son premier rapport, lu à l'assemblée du 23 juin 1875, il fit bien entendre qu'il serait avant tout le serviteur et pourvoyeur de l'éducation chrétienne. Tenir des comptes, c'est bien; mais la caisse qu'il s'agit d'alimenter, c'est la caisse d'une corporation, ou mieux, d'une famille de croyants; chez lesquels l'argent doit fructifier pour la vie de l'âme. Telle est sa résolution bien arrêtée. Il propose donc d'ajouter aux dépenses un chapitre de plus, en créant des bourses au collège Saint-François-Xavier : — « Nous touchons ici, déclare-t-il, à une question capitale. L'Association en effet n'a été créée que pour venir pécuniairement en aide à ceux de nos camarades qui auraient besoin de secours, et pour entretenir des relations amicales entre tous les anciens élèves du collège auquel nous devons le bienfait de l'éducation chrétienne...

» Les principes que nous avons reçus nous en font un devoir. Il n'est pas possible que nous nous laissions vaincre par les élèves de l'Université. Non, jamais la charité ne sera au-dessous de la philanthropie. Or, sans parler de certaines Associations amicales de collèges de l'Université, qui jouissent d'un revenu annuel de dix et vingt mille francs; qui ne sait qu'il suffit à un *barbiste* d'être sous les ordres d'un ancien camarade dans la carrière qu'il embrasse, pour être sûr d'y réussir? Voilà ce que savent faire les enfants de l'Université; à nous de montrer que nous pouvons mieux faire encore. »

Ce mieux, on le montra, en décidant séance tenante que « les fonds seraient surtout affectés à la création de bourses, de demi-bourses ou de quarts de bourse, » en faveur des fils d'anciens camarades. Et le vote fut suivi d'une prompte exécution. Vingt-cinq ans plus tard, M. de la Villesboisnet remerciait les souscripteurs et collecteurs de l'Association, dont les libéralités et le concours avaient, dit-il, « permis d'exercer largement la charité envers les fils de centaines de nos anciens camarades; » et , moyennant les bénéfices réalisés par son intelligente gestion, il proposait d'augmenter encore les chiffres de ces utiles aumônes. Puis, de nouveau, il exprimait les vues de foi qui, seules, le guidaient en ce libéral et discret apostolat de l'amitié :

» Souvent un secours annuel de minime importance suffit pour décider l'entrée à Saint-François-Xavier d'un de nos petits protégés anonymes! Quelle joie pour son père de pouvoir le confier aux incomparables éducateurs qui l'ont élevé lui-même! Quelle consolation pour nous de penser au bonheur de notre ancien camarade et de pouvoir nous dire que nous contribuons à la formation d'un homme et d'un chrétien, qui se serait peut-être perdu sans notre légère offrande ! (1). »

Dès la première réunion, autour du Comité central de Vannes, des comités régionaux furent institués, ayant pour chefs-lieux : Angers, Brest, Laval, Le Mans, Nantes, Quimper, Rennes, Saint-Brieuc; enfin le comité de Paris, dont naturellement le président élu fut M. de la Villesboisnet.

Nous ne saurions entrer dans tout le détail de sa double administration. Nous toucherons seulement en courant quelques-unes des étapes ou des dates plus saillantes.

D'abord, une date pieuse. Au mois de juin 1876, furent inaugurées les retraites des Anciens à la villa de Penboc'h. Est-il besoin de dire que le premier au rendez-vous, le retraitant le plus assidu, le véritable capitaine recruteur de ces bataillons de la prière, sera le trésorier de l'Association amicale? Il y viendra, en tête de ses amis, chaque année, trois ou quatre jours avant les fêtes du collège; non pour jouir du délicieux paysage et des ombrages qui encadrent les flots bleus du Morbihan; ni de la rencontre des vieux camarades fidèles comme lui; mais pour se retremper l'âme dans la paix; dans le silence, patrie des forts, où l'on se rajeunit en méditant les vérités éternelles; dans la solitude, où l'on prie; où

(1) Réunion du 25 juin 1899.

l'on chante de si bon cœur chaque soir, sur la digue, l'*Ave Maris stella* au roulement des lames sur les galets, au souffle de la brise le long des dunes; où l'on se rappelle les résolutions viriles que l'on a prises, là, au sortir du collège. Jours de paradis en ce gracieux coin de terre, où l'on voit, comme disait un directeur de ces retraites, « des députés, des colonels, de vieux pères de famille à la barbe grise et aux cheveux blancs, garder si bien le silence, faire la lecture à table, sonner la cloche, servir la sainte Messe et manier l'encensoir, devenir écoliers en un mot, comme il y a vingt, trente et même quarante ans (1). »

M. de la Villesboisnet avait si bien compris l'utilité de ces trois jours donnés à Dieu, au milieu d'une année de travail et des tracas de la vie mondaine, qu'il s'efforçait d'acheminer vers Saint-Joseph de Penboc'h le plus grand nombre de ses amis; sûr qu'il était, qu'après avoir goûté de la retraite, deux ou trois fois, l'habitude en serait prise. Et l'on ne doit pas s'étonner de lire, dans les comptes rendus de l'Association, juste en regard d'un rapport et des colonnes de chiffres alignés par le trésorier général, des notes comme celle-ci : « M. de la Villesboisnet a prié les membres présents de s'occuper activement de la retraite des Anciens. C'est au comité de Vannes à recruter des adhérents à cette œuvre importante. MM. de la Villesboisnet — et une dizaine d'anciens, dont la liste suit — feront tout leur possible

(1) P. Duponchel, Bulletin de l'Association amicale, 1892, page 16.

pour assister cette année aux exercices de la retraite;
ils écriront à leurs amis pour les solliciter de prendre
part à ces réunions si utiles. »

Son possible, il le faisait si bien que, pendant un quart
de siècle, malgré ses occupations accablantes, il n'y
manqua jamais — sauf une fois, pour cause de maladie.

Il y a une dizaine d'années, les retraitants de Penboc'h
se virent — j'ignore pour quelle raison — réduits au
pusillus grex de l'Evangile. Et dans le récit des fêtes
qui suivirent, on lit ce pressant alinéa : « M. de la Villesboisnet fait connaître que la retraite cette année a été
très peu nombreuse. Il prie les présidents de recomman-
der cette œuvre importante dans toutes les réunions de
leurs comités. Il manifeste même le désir de les voir
entretenir une correspondance à ce sujet, avec les
membres de leurs comités qui pourraient prendre part
à la retraite. »

Le zélé trésorier, on peut le croire, n'épargnait ni
l'encre, ni le papier, ni les entraînantes invitations.

De même que pour les retraites, il battait le rappel
pour les souscriptions à l'Association amicale. Il écrivait,
en 1877 : « Le comité régional de Paris a presque doublé
cette année le nombre de ses adhérents, presque triplé
celui des cotisations recueillies. » A qui en revenait le
mérite? On le devine; mais il attribuait la bonne part
du succès, aux amis qui l'avaient aidé à chercher les noms
et adresses des camarades et avaient dit-il accepté, sous
ses ordres, « le rôle de capitaines de recrutement. »

Cette même année, il commença d'aller en personne porter l'antienne aux élèves de philosophie ; et leur exposer le but, les statuts, les avantages de l'Association. Et sa conférence fut si bien accueillie que, sur-le-champ, 46 de ses jeunes auditeurs lui offrirent leurs noms. A partir de ce jour, la conférence du trésorier, avec l'enrôlement qui en est la suite, entrèrent dans la liste des usages de collège auxquels on ne renonce plus.

Au mois de juin 1878, Saint-François-Xavier fêtait, dans un deuil triomphal, la mémoire de ses fils, soldats de l'Eglise et de la France, qui avaient sacrifié leur vie pour le Saint-Siège et pour la patrie : *Romanæ Sedi et Patriæ se dederunt* (1). Un monument leur était élevé, dans la chapelle du collège, aux frais communs de leurs condisciples et de leurs familles ; monument dû à deux anciens élèves, à M. Louis de Farcy, pour les plans ; et, pour l'exécution, à M. Félix Ruault, l'auteur du tombeau de la Moricière dans la cathédrale de Nantes. Il y avait des fonds à solliciter et à centraliser ; le trésorier mena rondement l'affaire ; et nous avons sous les yeux les longues listes des souscripteurs, de sa fine écriture, se déroulant en bel ordre, et tout émaillées des quittances au timbre bleu. Mais, le jour de l'inauguration, le trésorier se transforma en orateur. Au banquet de l'Association amicale, le lieutenant de 1870 souligna de quelques phrases brèves et vibrantes, les leçons d'un tel jour ; et en

(1) Paroles inscrites sur le socle du monument.

écoutant son propre cœur, il affirma que la légion des martyrs devait susciter des légions d'apôtres :

« MES RÉVÉRENDS PÈRES, MES CHERS AMIS,

» Il manquerait quelque chose au banquet de l'Association amicale, si l'un de ses membres ne résumait en quelques mots les sentiments qui se trouvent au fond de tous les cœurs.

» Cette douce mission devait incomber à notre président qui, mieux que moi, eût su redire au Révérend Père Recteur (1) notre filiale affection, notre reconnaissance pour tout l'intérêt qu'il ne cesse de témoigner à notre œuvre, et en particulier pour la généreuse offrande qu'il a bien voulu me remettre. Mais notre excellent ami, M. de la Cochetière, a craint de nous adresser trop souvent la parole, ignorant, sans doute, que plus on l'entend et plus on désire l'entendre.

» Ce n'est, d'ailleurs, ni le lieu ni le moment de prononcer un discours ; les faits parlent ici avec trop d'éloquence. Contentons-nous de prêter l'oreille à leurs nobles enseignements et demandons au passé ce que doit être l'avenir.

» Le jour de notre entrée au collége, nos intelligences d'enfant ont été frappées par l'ordre admirable qui régnait à Saint-François-Xavier. Une seule pensée, un même esprit, animaient ceux que nous nommions alors, sans savoir pourquoi, et que nous aimons à redire aujourd'hui avec respect, affection, reconnaissance, nos Pères. Depuis lors, dix ans, vingt ans peut-être, se sont écoulés, et au milieu des vicissitudes et des changements de chaque jour, nous retrouvons notre collége ce que nous l'avons laissé. Fidèle à sa mission, la Compagnie de Jésus traverse les âges, empruntant à l'Église quelque chose de son immutabilité ; ainsi les élèves de Saint-François-Xavier doivent demeurer inébranlables dans leur foi, au milieu des tourments de la vie.

(1) Le R. P. de Cacqueray.

» Mais ce n'est pas assez; nous sommes à une époque où il ne suffit pas d'être chrétien pour soi, et, je ne crains pas de le dire, l'un des buts de notre association est de faire de nous tous, des apôtres.

» Sachons chaque année venir nous retremper à la source pure, où notre enfance a puisé la foi, et notre jeunesse la vertu; sachons nous entendre pour le bien, nous entresoutenir dans la lutte; sachons surtout dans une pensée commune, exercer chacun dans notre sphère, la part d'influence que la France et l'Église sont en droit d'attendre de nous : et si l'orage éclate, si l'heure du sacrifice vient à sonner, jetons les yeux sur les tables de marbre placées par nous au seuil du sanctuaire, redisons au fond de nos cœurs, les paroles vraiment inspirées que le Révérend Père Matignon y gravait, il n'y a qu'un instant, en caractères ineffaçables, et apprenons de nos héros eux-mêmes, jusqu'où doit aller notre amour pour le Vicaire de Jésus-Christ, pour l'Église notre mère, pour la France notre patrie. »

L'orage éclata; l'heure du sacrifice vint à sonner quelques mois plus tard. Les ennemis de Dieu et de la France avaient juré d'exterminer l'enseignement dont Dieu est le principe, la fin, la lumière; et qui, au besoin, donne des héros à la patrie. Les ennemis de la Compagnie de Jésus ne pouvaient lui pardonner les succès de son éducation; le succès, on l'a dit, ne se pardonne pas. L'article 7 d'une loi, appelée par une audacieuse ironie, *Loi de la Liberté d'enseignement*, excluait de l'enseignement « tout membre d'une congrégation non autorisée. » Au rejet de l'article 7 par le Sénat, succédèrent les haineux décrets du 29 mars 1880, supprimant, sans phrases, les collèges de la Compagnie de Jésus.

A Vannes, l'émotion fut vive. L'évêque, Mgr Bécel s'en fit solennellement l'écho, dans une lettre énergique qu'il adressa au Président Grévy. Le 24 juin, les Anciens étaient accourus au collège, pour offrir à leurs maîtres leur protestation d'inaltérable fidélité; et l'un d'eux s'écriait dans un poème de superbe envolée :

> *Nous voilà! Nul ne manque au rendez-vous de fête.*
> *La haine qui poursuit les fils de Loyola*
> *Veut venger aujourd'hui son ancienne défaite ;*
> *Le moment de la lutte est proche... Nous voilà!* (1)

Ils étaient là plus de 300; si bien que le R. P. de Cacqueray, recteur de Saint-François-Xavier, pouvait dire : « La grande salle, construite si largement pour les jours heureux, est devenue trop petite aux heures de l'épreuve. »

Dans cette salle trop étroite, des cris enthousiastes retentirent : Sauvons le collège ! Pour le sauver, il fallait d'abord de l'argent. M. de la Villesboisnet tendit la main. Et sur-le-champ une somme de 40,000 francs fut souscrite, pour louer le collège à un nouveau Directeur et lui former un nouveau personnel. D'autre part, les adhésions à l'Association amicale affluèrent. L'actif trésorier, bien récompensé de la peine qu'il s'était donnée ce jour-là, le constatait avec une joie émue :

« A tous les témoignages d'affection, de dévouement, de respectueuse sympathie que nous sommes venus ap-

---

(1) *Avant la Bataille,* par Alph. Poirier, rédacteur de « La Bretagne, » actuellement rédacteur de « L'Anjou. »

porter aux maîtres vénérés de notre enfance ; à la grande et solennelle protestation que nous sommes venus faire, au nombre de trois cents, contre les décrets du 29 mars, il me semble que notre rapport financier de 1879-80 vient ajouter une force nouvelle.

» Avec cette logique inflexible dont les chiffres ont le privilège, vous avez répondu aux menaces de fermeture de notre cher collège en donnant plus que jamais pour constituer des bourses à Saint-François-Xavier, car tel est le principal objet de nos secours.

» Or, je le demande à tous ceux qui s'occupent d'affaires : que penseraient-ils d'une société qui recevrait des fonds, en vue d'augmenter ses opérations, au moment même où l'instrument de son industrie serait sur le point de lui être enlevé ? Folie, s'écrieraient-ils ! Eh bien, telle est pourtant notre conduite, et, en agissant ainsi, nous ne sommes ni des insensés, ni même des imprudents, mais des hommes de foi sachant mettre en Dieu seul leur confiance et ne douter jamais du triomphe du droit sur la force. »

» Nous avons, ajoutait-il, reçu 105 cotisations de plus que l'année dernière (1). »

Le collège était sauvé ; mais à la veille d'un nouvel orage. Le 31 du mois d'août 1880, le R. P. Recteur faisait allumer devant la blanche statue de Saint-François-Xavier, au milieu de la cour d'honneur, cette lampe qui brûle encore jour et nuit — modeste phare de la prière

(1) Compte rendu de 1880, page 54.

et de l'espérance. Puis, il s'en allait, cédant la place à un prêtre de grand talent et de grand courage, M. l'abbé Louis Le Clanche, ancien élève du collège qui, pendant neuf mois, lutta sans faiblir contre le gouvernement et contre l'université. Le 14 juin 1881, à l'heure où l'université et le gouvernement le frappaient à son tour, pour avoir « reconstitué une congrégation dissoute, » le collège l'acclamait ; car « il y a, disait le vice-président de l'Association amicale, M. Le Mintier de Léhélec, il y a des défaites qui honorent plus qu'une victoire. »

En ce jour du 14 juin, M. de la Villesboisnet, au nom de la nombreuse assemblée qui environnait M. Le Clanche d'une respectueuse et reconnaissante sympathie, se fit l'interprète de tous ; et avec une éloquence vraie comme son dévouement, intrépide comme sa confiance, il affirma que Saint-François-Xavier ne mourrait pas, ne pouvait pas mourir.

« Monsieur le Supérieur,

» Permettez-moi d'ajouter, bien cher camarade et ami. Au nom de tous les Anciens de Saint-François-Xavier, qui ont conservé intactes les traditions de foi, de patriotisme et d'honneur puisées près de ceux dont nous ne trouvons plus guère ici que le souvenir, mais qui ont acquis des droits imprescriptibles à nos respects, à notre amour ; — je viens, en ce jour jadis si heureux, vous offrir l'hommage de notre reconnaissance, saluer en vous l'homme du devoir, protester contre l'iniquité, vous dire enfin qu'il est des cœurs qui battent à l'unisson du vôtre, des âmes que la lutte n'effraye pas, des chrétiens qui, les yeux tournés vers Dieu, combattront à votre exemple, jusqu'au dernier soupir, pour l'enseignement catholique.

» Nous avons tous applaudi à la bienveillance avec laquelle Mgr l'Évêque de Vannes, a autorisé les membres de son clergé, à répondre à votre noble appel.

» Nous avons été profondément touchés de l'admirable dévouement des prêtres de ce diocèse : nos camarades pour la plupart. N'écoutant que leur cœur, ils n'ont pas hésité à quitter leurs paroisses, à sacrifier leurs intérêts les plus chers, à tout abandonner pour se condamner à un travail d'autant plus opiniâtre qu'ils n'avaient pu s'y préparer à l'avance, pour se donner tout entiers à la noble mais difficile mission de faire des chrétiens et des Français.

» Nous avons admiré l'abnégation absolue des religieux vénérés que notre filiale tendresse cherche vainement ici, les yeux baignés de larmes. — Où sont-ils, ces Pères bien-aimés, que toutes les générations de Saint-François-Xavier ont connus? Pourquoi, depuis de longs mois, l'ancien recteur de ce collège n'a-t-il jamais franchi le seuil de cette sainte maison?

» Placés dans la cruelle alternative ou d'affirmer un droit en sacrifiant leurs élèves, ou d'en abandonner eux-mêmes l'exercice pour permettre à d'autres de continuer l'œuvre de l'éducation chrétienne, nos Pères n'ont pas hésité; remettant *entièrement* entre vos mains la direction de ce collège, ils n'ont pas craint de se sacrifier eux-mêmes, espérant que vous pourriez encore donner à nos jeunes camarades ce qui avait fait le fond de l'éducation jadis reçue à Saint-François-Xavier, l'amour de la foi chrétienne, l'amour de l'Eglise, l'amour de la France.

» De tels sacrifices ne sauraient être perdus, et quelle que soit la violence de l'orage, nous voulons encore espérer contre toute espérance. Soldats d'une cause qui triomphe toujours, même quand les trompettes de l'ennemi annoncent la victoire, nous mettons en Dieu seul notre confiance, sachant bien qu'il nous demande à nous l'effort, et qu'à lui seul appartient le succès.

» Si, malgré l'ardeur de nos désirs, le coup qui vous frappe devait être pour cette maison un arrêt de mort sans appel, nous unissant alors plus étroitement que jamais, pour conserver, comme un dépôt sacré, l'esprit de notre cher collège, nous pourrions dire encore, en attendant l'heure de la réparation :

» Saint-François-Xavier vit et vivra toujours ! »

Dix jours après, le collège était fermé. Les élèves s'en allaient, escortés d'une foule qui criait : « Vive la liberté ! Vivent les Jésuites ! Vive l'abbé Le Clanche ! » Mais, comme l'avait dit M. de la Villesboisnet, Saint-François-Xavier allait vivre — grâce, en premier lieu, à M. de la Villesboisnet. Laissons la parole à l'historien du collège :

« A la réunion du 14 juin, les délégués de l'Association amicale avaient décidé qu'il fallait, coûte que coûte, sauver le collège en fondant une *Société civile*. M. Ludovic de la Villesboisnet accepta le mandat de s'occuper des études et des négociations nécessaires. Grâce à son activité, à sa haute compétence, et aux bonnes volontés qu'il sut éveiller, la Société fut composée, et reçut, le 11 novembre 1881, sa forme définitive (1). » Cette Société civile anonyme, au capital de 850,000 francs, est depuis lors propriétaire du collège Saint-François-Xavier. M. le marquis de Gouvello, an-

---

(1) Fernand Butel, *lib. cit.*, page 362 ; voir à la même page les noms des 25 premiers actionnaires.

cien député, en accepta la présidence ; et parmi les actionnaires du premier jour, figure, comme bien on pense, celui qui constitua la Société dont, pendant vingt ans, il fut le centre et la vie. Sur la part qu'il prit, dans la création, puis dans l'administration de la Société, voici les notes précieuses de l'un des Pères Recteurs qui le vit à l'œuvre pendant près de dix ans :

« Il fut vraiment, écrit le R. P. de Sesmaisons, le levain faisant fermenter toute la masse. C'est lui qui, avec M. de la Peccaudière, l'avoué si estimable et si bon juriste de Nantes, travailla les statuts et disposa tout de manière à rendre inattaquables en droit les dispositions prises. Ce fut lui — et ce côté de la besogne fut bien pénible — qui sut trouver les indispensables concours financiers; qui, malgré les menaces d'un avenir chargé de tempêtes, décida la plupart des actionnaires à souscrire leurs titres et à en verser effectivement le montant. La confiance qu'il inspirait, confiance si bien méritée, aida du reste à ce résultat.

» Une fois la Société constituée, bien qu'il n'y eût pas de place officielle, il en fut l'âme et la cheville ouvrière. Le Conseil d'administration s'en reposait pleinement sur lui et lui donnait constamment la délégation de ses pleins pouvoirs, dès qu'il y avait à traiter une question tant soit peu délicate; il réussissait et suffisait à tout si admirablement! Il avait pour négocier un merveilleux ensemble de finesse, de tact et de droiture. La finesse lui faisait juger et deviner les situations; le tact prévenait les fausses démarches et les maladresses; la droiture emportait tout, vu qu'elle inspirait à tous une absolue sécurité.

» C'est par suite de la sage gestion qu'il fit prévaloir au Conseil d'administration, que les bénéfices des premières années, au lieu d'être versés immédiatement en dividendes, furent accumulés; de manière à former une belle réserve, qui fait maintenant la force de la Société. »

La Société elle-même, par la voix de son président, a proclamé à mainte reprise qu'elle doit tout au « zèle infatigable, à la foi tenace, au cœur ardent » de celui qui n'en voulait recevoir aucun titre, mais qui remplissait les fonctions du serviteur de tous. Parmi les éloges qu'on lui décerna dans les assemblées générales, nous ne choisissons que le premier et le dernier.

« Il y a deux ans, disait M. le marquis de Gouvello, le 3 octobre 1882, lorsque d'inqualifiables décrets forcèrent la Compagnie de Jésus à abandonner la direction de cette Maison, personne ne croyait à la possibilité de la faire vivre. Je me trompe... Un homme de cœur, je tiens à le nommer, M. Ludovic de la Villesboisnet, ne voulut pas désespérer de cette grande œuvre. Animé de l'amour du bien, confiant dans les traditions de cette vénérable Compagnie où il avait puisé, dès son jeune âge, de grandes idées, de généreux sentiments, il marcha hardiment, mettant sa confiance en Dieu; et il arriva, contre vent et marée, au but, au port. Qu'il prenne donc

une large part dans l'expression de notre reconnaissance. »

Le 20 novembre 1901, la reconnaissance du président
et des autres membres se traduisit d'une manière plus
explicite encore et d'autant plus vive, qu'on n'avait plus
à craindre ce jour-là les révoltes de son humilité. « C'est
à lui, vous le savez, Messieurs, que sont dues l'initiative
et la constitution de notre Société; c'est autour de lui
que sont venus se grouper les désirs ardents de ne pas
laisser disparaître une maison destinée à rendre d'immenses services; c'est à sa suite qu'ont marché ceux qui,
comme vous, tenaient à sauver de la ruine le collège
Saint-François-Xavier...

» Si nous existons, est-ce trop dire que c'est grâce à
lui? Je ne le crois pas; et cet avis sera partagé, j'en suis
convaincu, par quiconque a pu voir de près toute la
peine qu'il a prise pour constituer notre Société sur des
bases inébranlables, se rendre compte de toute la science
juridique qu'il a déployée dans la rédaction de nos statuts, être témoin de toutes les démarches qu'il a multi-
pliées. Beaucoup d'entre nous l'ont vu à l'œuvre; et je
suis assuré de leur adhésion unanime en proclamant
tout haut que, lorsqu'il y avait à réaliser une entreprise
vraiment utile au bien, la fatigue et les ennuis personnels
ont toujours été pour M. de la Villesboisnet des facteurs
négligeables, tant il se prodiguait, aux dépens même de
ses forces et de sa santé.

» Une fois la Société solidement constituée, il continue à se dévouer pour assurer son fonctionnement, avec une modestie et un oubli de soi-même dont aucune sollicitation ne put jamais le faire se départir. Votre Conseil d'administration savait qu'en sa personne il avait toujours sous la main le mandataire le plus actif et le plus discret, le plus habile et le plus sûr. Rien ne l'effrayait, rien ne le décourageait. Confiant dans la divine Providence, il ne doutait ni du succès, ni des bons résultats. Il s'indignait des fausses accusations portées contre le niveau des études du collège, et ressentait une vive joie des nombreuses réceptions de nos élèves au baccalauréat. »

De fait, la réputation de son collège lui tenait au cœur comme un bien de famille; et si, au prix de son repos, il lui assurait de bonnes finances, c'était uniquement pour l'aider à tenir le haut rang qu'il avait conquis par ses succès, par son excellent esprit, par son éducation très catholique et toute française. Une calomnie, un soupçon même à l'endroit du collège lui pesait comme une injure personnelle; et lui, toujours si mesuré dans l'attitude et le langage, eût volontiers protesté en pareille occurrence avec la chaleur d'une sainte colère. Dire un mot contre Saint-François-Xavier, c'était en quelque sorte toucher à son honneur. En entendre du bien, c'était sa meilleure et plus chère récompense.

X

LE COLLÈGE SAINT-FRANÇOIS-XAVIER

(*Suite*)

Promoteur et mandataire de la Société anonyme, M. de la Villesboisnet restait quand même le trésorier de l'Association amicale. Il supportait toutes les charges et faisait face à toutes les corvées.

Les réunions d'actionnaires se succèdent ; il faut un homme qui ait mis toutes choses au point ; qui expose les résolutions à prendre; qui rende compte de la marche des affaires ; qui résolve les cas douteux et réponde à toutes les objections soulevées ou possibles. Cet homme, c'est toujours lui. Mais que de voyages et combien de sollicitudes surajoutées à tant d'autres !

Outre les séances régulières du Conseil, le Collège réclame tantôt une décision, tantôt une direction ou un secours d'autre nature ; au premier signe, l'administrateur expérimenté se présente, et il vient armé de toutes pièces. Un jour — c'était en 1882 — il reçoit à Paris un mot qui lui annonce un cas imprévu et grave, pour lequel on lui demande d'urgence ses conseils et l'action de son autorité. Aussitôt il répond par télégramme : « J'arrive ce soir. » Le soir, il était en Bretagne.

Combien d'autres fois, au moindre appel, on le voit arriver, comme s'il n'avait nul autre souci au monde. Il a sa chambre, une vraie cellule, à Saint-François-Xavier; il y passera la nuit, si les affaires l'exigent. Ses repas, il les prend au réfectoire de la communauté. Avec la communauté, il se rend, en sortant de table, à la chapelle pour la visite du Saint-Sacrement. Il distribue à chacun, en allant ou en revenant, ses vigoureuses poignées de main avec un mot aimable. Mais on le guette ; on le saisit ; il ne s'appartient plus. Après le R. P. Recteur, ce sera le tour du Père Préfet des études ; puis, de l'économe ; voire même des fournisseurs de la maison ; de tous ceux enfin qui ont un cas à régler avec lui, une difficulté à prévoir ou à prévenir. A tous il fait bonne figure ; comme s'il n'avait à s'occuper que d'un seul. Il est à tous et à chacun. Et l'un de ses condisciples d'autrefois, M. de Béjarry, sénateur de Vendée, traduisait bien le sentiment général lorsque, dans une spirituelle causerie, à la réunion annuelle de 1888, il disait, au milieu d'applaudissements unanimes : « Votre trésorier ! quand il s'agit de la caisse, il est d'un raide, oh ! mais d'un raide !... dont nous devons lui être profondément reconnaissants. Pour le reste, je défie de trouver quelqu'un plus complaisant, plus courtois, plus à la disposition de tous. »

Néanmoins, comme le remarque quelqu'un des mieux

informés, l'accueil prenait vite une tournure moins engageante, quand l'interlocuteur n'avait à dire rien de pressé ou rien de précis ; M. de la Villesboisnet qui n'avait pas une minute à perdre, le laissait promptement deviner ou le faisait sentir.

Presque au début de son administration, il avait conçu, pour l'honneur du Collège, un projet digne de son intelligente initiative. C'était, en prévision de la loi alors débattue à la Chambre sur l'instruction secondaire, d'offrir à un certain nombre de jeunes ecclésiastiques les moyens de prendre leurs grades de licence, soit pour les lettres, soit pour les mathématiques. D'accord avec Mgr l'Evêque de Vannes, les candidats seraient choisis de préférence parmi les anciens élèves de Saint-François-Xavier, où, après leur succès, on utiliserait leur savoir et leurs diplômes. Quand il s'ouvrit de ce projet, auquel se rallièrent tous les délégués de l'Association amicale, il avait déjà sondé et déblayé le terrain; il s'était entendu avec M. le Supérieur de l'Institut catholique de Paris, dont il avait obtenu le gracieux octroi de plusieurs demi-bourses ; les autres frais restant à la charge de l'Association. Heureuse prévoyance, qui allait pourvoir le collège d'une pléiade de jeunes professeurs, distingués par leur science, comme par leurs grades noblement conquis.

Entre temps, le diligent trésorier encaissait les cotisations, souscrites pour l'érection d'un monument à la mémoire du fondateur de Saint-François-Xavier, le

R. P. Pillon ; monument qui, en 1887, fut placé dans la chapelle, à côté de celui des élèves morts à l'ennemi. Puis il en recueillait d'autres pour l'érection d'une colonne dans la basilique du Sacré-Cœur à Montmartre ; c'est le pilier 69 dans la chapelle dédiée à saint Ignace de Loyola.

Il s'occupait également des améliorations du collège ; par exemple, d'une salle de bains pour les élèves et d'un cabinet d'hydrothérapie : deux merveilles, dont il n'hésitait pas à faire l'éloge, même auprès de ses amis de la capitale ; avec tant de chaleur que, dit un chroniqueur, les amis partageaient son admiration communicative.

A deux pas du collège, il aménageait une maison de famille pour les externes dont les parents habitent loin de Vannes et qui étaient jadis répartis dans des *pensions* disséminées à travers la ville ; régime devenu désormais peu pratique ou même impraticable. La maison fut trouvée dans une rue voisine ; elle fut achetée par une chrétienne de Vannes généreuse et riche. Il ne restait qu'à l'approprier aux besoins de sa future destination. M. de la Villesboisnet y employa ses loisirs de vacances. Après avoir réglé toutes choses au point de vue juridique, il se fit entrepreneur, pour l'orientation, la disposition des salles, les réparations voulues ; s'occupant de chaque recoin, des plus minimes détails, même de la pose d'une gouttière. Et comme l'aménagement fut terminé aux premières vêpres du Sacré-Cœur, la nouvelle pension fut placée sous ce vocable et s'appela *Pension du Sacré-Cœur.*

En 1889, tandis que la France de la révolution célébrait à grand fracas son funeste centenaire, la France chrétienne se consacrait au Cœur de Jésus ; et, à cette occasion, le Collège de Vannes assistait à une pieuse et glorieuse solennité. Le 26 juin, un magnifique étendard du Sacré-Cœur était offert à Saint-François-Xavier par dix anciens élèves députés ou sénateurs. Mais à la dernière heure l'orateur manqua ; il fallut l'improviser. Le trésorier, par bonheur, était prêt à tout, même à remplacer les orateurs absents. Il disait un jour qu'il abhorrait « le discours rentré, » mais qu'il redoutait plus encore « le discours qui ne veut pas sortir. » Ce soir-là, comme du reste c'était l'ordinaire, le discours sortit du cœur. Il était inspiré par les circonstances, par les souvenirs, par l'amour de son collège, toujours plus aimé à mesure qu'il lui donnait davantage ; enfin par la présence du R. P. Edouard Marquet, son Père Préfet de jadis, et, depuis trois ans, recteur de Saint-François-Xavier. Il prononça donc l'allocution suivante, fréquemment soulignée par les bravos :

MON RÉVÉREND PÈRE,

Le soldat ne discute pas, il obéit.

J'étais dans la solitude de Penboc'h, sous le charme de la parole éloquente du R. P. Billot, quand il y a deux jours, notre cher commandant La Cochetière, m'écrivit : « *Un obstacle insurmontable m'empêche d'assister à nos fêtes, et notre sénateur de Béjarry, qui devait parler au banquet du collège, est malade.* »

L'ordre était positif; aussi je suis debout, comptant sur la bienveillance de tous pour excuser mon impuissance à remplacer ceux dont les accents vibrants ont soulevé, à cette place, nos justes applaudissements.

Comment vous exprimer, mon Révérend Père, sans trop les affaiblir, les sentiments qui font battre en ce moment tous les cœurs ? Sentiments de respect, d'affection, de dévouement, de reconnaissance pour notre vaillant Recteur, notre bien-aimé Père.

Dépositaire des grandes traditions, vous avez été, mon Révérend Père, presque au début de votre longue carrière, le confident et l'auxiliaire du Vénéré Fondateur, dont nous avons voulu perpétuer le souvenir par un monument placé près de celui de nos martyrs.

A l'heure des plus rudes épreuves, la direction de notre cher collège vous a été confiée, et ceux qui, depuis lors, vous ont vu à l'œuvre, savent ce qu'elle vous a coûté d'activité et de dévouement.

Chaque année de votre fécond Rectorat a été marquée par un progrès. Puisse cette marche toujours ascendante, s'accentuer de plus en plus! Puissiez-vous être, mon Révérend Père, l'anneau providentiel, destiné à relier, dans un présent toujours sombre, un passé plein de gloire à un avenir plein d'espérance.

Et vous, jeunes gens et enfants qui m'écoutez, soyez fiers de votre uniforme; ayez la noble ambition d'y ajouter un nouvel éclat.

Ceux qui l'ont porté avant vous, vous montrent le chemin.

Parmi eux, les plus privilégiés, répondant à l'appel de Dieu, vous donnent, dans la vie sacerdotale ou religieuse, l'exemple de toutes les vertus. A côté du prêtre, le soldat, et ils sont nombreux ceux de nos camarades qui, dans les rangs de l'armée et de la marine, ont servi ou servent encore la France et l'Église, en chrétiens et en héros. Enfin, comptez, si vous le pouvez, les enfants de Saint-François-Xavier qui, dans la vie politique, les différentes carrières, la vie privée elle-même, honorent leur vieux collège par la fermeté de leur caractère, l'intégrité de leur vie, la vivacité de leur foi agissante.

Voulez-vous être dignes de vos devanciers ?

Apprenez à obéir aujourd'hui, pour savoir commander demain. Soumettez résolument vos intelligences à la rude discipline du travail, et vos cœurs aux lois austères de la vertu. A ce prix, vous dédommagerez vos maîtres, vos pères, de l'admirable dévouement qu'ils vous prodiguent. Vous justifierez les espérances des amis fidèles, qui ont su acquérir ce collège, au moment opportun. Vous paierez à Sa Grandeur Monseigneur l'Évêque de Vannes, toujours si bienveillant pour cette maison, le juste tribut de votre respectueuse reconnaissance. Vous mériterez enfin l'honneur que nos chers députés et sénateurs vous faisaient hier, en vous confiant l'étendard du Sacré-Cœur.

Ce n'était pas seulement durant son séjour en Bretagne que M. de la Villesboisnet songeait aux intérêts temporels, intellectuels, spirituels, de son collège ; il s'y dévouait avec le même cœur pendant les mois d'hiver qu'il passait à Paris. A Paris, il était président, président effectif, mais surtout actif ; une dignité n'étant pour lui qu'une occasion et une raison d'agir.

Nous lisons dans un rapport du Comité régional de Paris, daté de 1883 (1) :

« De 1875 à 1876, notre cher président, M. de la Villesboisnet, se mettait en campagne ; et lors de la

(1) Rapport de M. Anatole Bucquet.

réunion des délégués à Vannes, en juin 1876, il annonçait qu'il avait réuni autour de lui, dans la capitale, un comité de vingt-cinq membres, qu'il pouvait avec raison dire tous animés des meilleurs sentiments envers l'Association.

« Ce n'était là qu'un commencement; nous avons prospéré depuis. »

Le premier siège social, ou pour mieux dire, le siège familial de la réunion à Paris, était l'hôtel de M. de la Villesboisnet. — « Chaque année, disait, en 1890, M. Henri Brasier de Thuy, chaque année, notre très aimable président, s'inspirant d'un avis du comité central, nous convie chez lui à une réunion intime, et, sous le prétexte d'une tasse de thé, nous occupons très agréablement, peut-être même utilement, quelques heures de la soirée.

» Le 25 avril dernier, son appel avait trouvé, comme toujours, de nombreux échos ; mais je ne puis vous dissimuler que la plupart des réponses, consistant en lettres d'excuses, onze fidèles seulement se sont présentés au rendez-vous. Notre hôte a prétendu reconnaître en eux onze apôtres, ajoutant que nous ne pouvions être douze, puisqu'il n'y a pas de Judas parmi nous.

» Il est inutile de vous dire que nous n'étions pas convoqués pour faire de la politique et que nous n'avons pas perdu notre temps à commenter les innombrables placards qui souillaient alors les murs de Paris. Nous nous sommes occupés de nos affaires, c'est-à-dire des affaires de l'Association, et nous avons passé en revue tous les noms qui nous intéressent.

» Cette nomenclature n'est pas d'ailleurs aussi aride qu'on pourrait le supposer, car elle fait revivre inévitablement le temps de notre jeunesse sinon de notre enfance, et elle ne se poursuit pas sans le récit de quelques anecdotes discrètement ressuscitées. »

Elles étaient joyeuses et réconfortantes, ces soirées où le prétexte d'une tasse de thé amenait, sur le coup de neuf heures, au boulevard Saint-Germain, un groupe de Vannetais, nombreux parfois, et toujours charmés de l'accueillante bonté de leur hôte et président. « M. de la Villesboisnet, écrivait un correspondant en 1892, fait les honneurs de son salon avec autant de courtoisie que de cordialité ; et cette coutume, qui menace de devenir une tradition est féconde en résultats heureux pour le recrutement de l'Association. »

L'année suivante, le chroniqueur parisien insistait encore, en glissant à mots couverts sur les éloges dus au président et à l'ami :

« L'exquise affabilité de qui vous savez a perpétué la tradition de ces réunions intimes qu'on vous signalait déjà en 1883, et on prépare toujours, boulevard Saint-Germain, l'Assemblée générale réglementaire de la première quinzaine de mai. Ici je ne puis parler que de cette dernière. Il convient de laisser à l'autre son cachet d'intimité et de pure courtoisie ; j'ai voulu seulement marquer que l'exemple nous vient de haut, et que si, dans la suite, nous avions le plaisir de voir se former certains groupements qui s'achemineraient vers la réunion principale comme les affluents vers le fleuve, nous saurions reporter à qui de droit l'initiative d'une coutume qui donnerait assurément d'excellents résultats. »

Justement à cette époque, la gratitude de tous les cœurs gagnés par vingt-cinq ans de loyaux services, reportait à qui de droit l'hommage amical de tous les anciens de Saint-François-Xavier. L'Association célébrait ses *Noces d'argent*. Les délégués des comités régionaux et un grand nombre de membres, venus à Vannes pour la fête du Père Recteur, s'étaient réunis à l'hôtel du Dauphin.

« A la fin du banquet, raconte le secrétaire, historien de l'Association et des fêtes, notre cher président fait apporter une boîte mystérieuse et en retire un charmant tryptique, du plus pur Moyen-Age, dont le sujet principal est saint Louis, roi de France, brodé au petit point avec cette perfection inimitable qui est le privilège de Bruges.

» Se levant alors, M. de la Noüe pose la question suivante et y répond avec un tact et une délicatesse qui nous font regretter qu'un sténographe ne se soit pas trouvé là pour nous conserver textuellement son discours :

» Comment fêter des noces d'argent sans un vieux ménage et où trouver dans notre Association les deux heureux époux? Au premier abord la question paraît insoluble, mais, en y regardant de plus près, on se sou-

vient sans peine que, depuis un quart de siècle, notre
trésorier général est bel et bien marié avec sa caisse.
A cela ne se bornent pas ses services, car personne
n'ignore la part prépondérante qu'il a prise au sauvetage
du collège, et tout le monde sait qu'il est chaque année
l'organisateur de nos fêtes. Vous me saurez donc gré
d'offrir en votre nom et au nom de l'Association tout
entière un souvenir d'affection et de reconnaissance à
notre excellent ami de la Villesboisnet.

» Le pauvre trésorier, qui n'avait eu vent de rien avant
que la bombe n'éclatât sur sa tête, aurait voulu remercier
dignement tous ceux qui avaient trempé dans l'aimable
complot tramé par la vieille affection du président. Mais
quels étaient ses complices? Un seul lui était connu, le
dessinateur habile du tryptique, son cher camarade de
Farcy. Se sentant impuissant à faire parvenir à tous
l'expression bien vive de sa reconnaissance. M. de la
Villesboisnet laissa parler son cœur, rappela quelques-
unes des gloires de l'Association, et déclara qu'il était
facile de se dévouer pour une telle cause et pour de tels
amis. »

Si c'était le besoin de son cœur de travailler pour cette
cause et pour ses amis, l'occasion ne lui en manquait pas.
Il y en avait une en particulier qui revenait, à date fixe,
chaque année, et où l'inépuisable zèle de l'administrateur ou trésorier, du vrai *Père temporel* de la maison,
s'exerçait tout à son aise. C'était aux fêtes du **Père**
Recteur et du collège, que les premiers anciens de

Vannes avaient si heureusement baptisées du nom de
« Fêtes de la fidélité. » Elles sont précédées de la retraite
à Penboc'h et se prolongent pendant trois jours : fêtes
à l'église, fête au théâtre, fête du pèlerinage à Sainte-
Anne, fête de la réunion matinale à la campagne, fête
de la grande excursion en mer ; enfin, au retour, banquet
en plein air dans la cour d'honneur, où la statue de saint
François-Xaxier s'élève au milieu des magnolias.

Tout prévoir, tout combiner et préparer, faire réussir
toutes choses, de façon à contenter tout le monde, lorsque
ce tout le monde comprend les centaines d'invités de
tout âge et les centaines d'élèves grands et petits, avec
le personnel du collège ; ce n'était pas mince besogne.
La grosse question était celle de la promenade mari-
time : tantôt avec une flottille de *sinagots* qui s'égail-
laient à travers les îles et îlots du golfe ; puis, dans les
dernières années, sur les bateaux à vapeur qui, après
avoir longé l'Ile-d'Arz, l'Ile-aux-Moines, Gavrinis et
Berder, les deux perles du Morbihan, franchissaient le
détroit et s'en allaient bien loin de Port-Navalo, en plein
océan, par delà les rochers et les remous de la Teignouse,
visiter les côtes armoricaines qui murmurent à l'historien,
au poète, tant de noms illustres ou fameux : « César,
Taliésin, saint Gildas, du Guesclin, Sombreuil (1); » où
l'on saluait Quiberon, Locmariaquer, Rhuys, Sucinio,
l'île sauvage de Houat, voire même, dans les grands jours,
Belle-Ile-en-Mer. Les pilotes veillaient sur les bateaux

(1) Compte rendu de 1887, page 29.

qui portaient plus que la fortune du collège ; mais un organisateur hors ligne s'était chargé des autres responsabilités qui parent aux accidents du débarquement ou du voyage et qui assurent la joie du retour.

Dans l'occasion — et l'occasion, je crois, se présenta plus d'une fois — M. de la Villesboisnet savait, par son sang-froid, inspirer la sécurité ou le calme, en pratiquant une patience méritoire. En voici une preuve que nous tenons de l'un de ses plus fidèles collègues de l'Association amicale, M. Félix Borrelly de Kervélégan. — « Organisateur de toutes nos réunions et notre *capitaine adjudant-major*, comme l'avait surnommé Alexandre de la Cochetière, il avait quelquefois fort à faire pour contenter jusques à 400 anciens... et leurs pères. Mais il s'acquittait de sa mission, avec une possession de lui-même et une sérénité qui désarmait les plus difficiles.

» Telle excursion à Quiberon me rappelle un petit vapeur à demi détraqué, dont nous fûmes obligés d'actionner nous-mêmes la pompe d'alimentation ; le pauvre marin qui la manœuvrait depuis Méabant, n'en pouvant plus à la hauteur de Penboc'h. La mer était houleuse ; et bon nombre de passagers novices prenant les embruns pour des lames prêtes à nous engloutir, disaient assez crûment leurs appréhensions ; non sans y joindre leur opinion peu charitable sur ceux qui avaient choisi une pareille patache. Ludovic était indulgent pour les apeurés et les malades ; il se contentait de montrer, par son attitude, qu'il savait leurs craintes mal fondées ; et l'on aurait juré, à le voir si impassible, qu'il n'entendait même pas leurs malencontreuses critiques. »

En 1900, M. de la Villesboisnet se surpassa. Saint-François-Xavier célébrait ses *Noces d'or*. Depuis 1850, et la loi de liberté qui fut « la plus glorieuse victoire de l'Eglise de France au XIX⁰ siècle, après le rétablissement du culte en 1801 (1), » 4,800 élèves avaient passé dans les murs du collège ; et, malgré les assauts de la haine sacrilège, après cinquante ans de vie, de foi, de sacrifice et de succès, on voulait remercier Dieu pour le passé qu'il avait fait si beau, et lui consacrer l'avenir qui n'appartient qu'à lui.

On voulait, au déclin du XIX⁰ siècle et à l'aurore du XX⁰, acclamer l'école toujours aimée et lui redire, avec l'un de ses poètes :

> *Salut à toi, mon vieux Collège ! Cinquante ans*
> *Ont passé sur ton front sans y creuser de ride ;*
> *Malgré les ennemis et leur haine perfide,*
> *Tu domines le siècle et tu braves le temps.* (2)

Les fêtes de mai 1900 furent incomparables. M. de la Villesboisnet avait, bien des mois à l'avance, cherché et prévu tout ce qui pouvait en rehausser l'éclat, en accentuer les enseignements, et en perpétuer le souvenir. A la réunion de juin 1899, divers projets avaient été mis

(1) Discours de M. l'abbé Le Clanche, à Saint-François-Xavier, le 15 mai 1900.

(2) M. Alphonse Poirier : *Pour le cinquantenaire*, au R. P. de Sesmaisons.

sur le tapis ; après délibération, le trésorier général, disent les comptes rendus, fut prié de former un comité spécial et d'ouvrir une souscription de 25 francs par tête, pour couvrir les frais de composition et d'édition d'un album commémoratif des *Noces d'or*.

Le comité se composerait d'une vingtaine de membres choisis dans les différentes carrières auxquelles préparent les études faites au collège Saint-François-Xavier : clergé, armée, magistrature, agriculture, industrie. L'album rappellerait l'histoire des cinquante ans écoulés, grâce à un texte anecdotique, enrichi de nombreuses gravures, reproduisant, avec les portraits des maîtres les plus connus, les points de vue et les bâtiments du collège, les sites et paysages témoins des travaux, des promenades, des fêtes d'antan. Le trésorier général se mit en quête d'artistes de choix, à commencer, bien entendu, par ceux du collège ; et l'album du cinquantenaire, multiplié à un nombre considérable d'exemplaires, restera comme un triple monument de reconnaissance, de vérité historique et de bon goût.

Longtemps aussi avant les solennelles journées de mai 1900, l'organisateur qui songeait à tout avait commandé une œuvre dramatique, qui serait le drame de la Cinquantaine et devrait offrir à l'admiration, à l'imitation des jeunes, les généreuses leçons de leurs aînés. Il nous souvient de l'empressement, de la simplicité entraînante avec laquelle M. de la Villesboisnet nous communiqua ses vœux et ses plans. La pièce qu'il réclamait serait la mise en action des principaux faits dont le collège avait été le théâtre ou le point de départ ; les rôles les plus importants seraient confiés aux anciens dont le talent sympathique et hors de pair ferait tout ressortir, tout réussir. Mais, en célébrant le collège, en rappelant les noms dignes de mémoire qui peuplent ses annales, on aurait soin de ne louer que les morts. C'est ce désir qui motiva cette note placée en tête du drame *Pour l'honneur :* « Nous n'avons loué directement que les morts, à qui les louanges sont dues et dont la modestie n'est point blessée par des louanges. Mais nous n'avons oublié personne. »

Nous n'avions surtout pas oublié celui-là même qui ne s'accordait aucun repos, afin de rendre à tous ces fêtes attrayantes et inoubliables. Ce n'est pas ici le lieu de raconter ces quatre jours, qui, dans la superbe chapelle décorée avec une grâce et une splendeur inouïe, furent inaugurés par la grand'messe à laquelle assistait Monseigneur l'Evêque de Vannes ; continués par de joyeux tournois d'éloquence, de poésie, de musique, de tous les beaux-arts ; agrémentés par les promenades et pèlerinages à Sainte-Anne, au Champ-des-Martyrs, à Penboc'h, et enfin à Belle-Ile-en-Mer ; et qui s'achevèrent, à dix heures du soir, par la procession du Saint-Sacrement à travers les cloîtres, les cours, les jardins illuminés et resplendissants comme un décor de féerie.

Quelques mots seulement de l'excursion navale, où, après avoir levé l'ancre dès six heures du matin au chant de l'*Ave Maris stella*, deux vapeurs emportèrent la double famille de Saint-François-Xavier jusque dans les eaux du grand océan, saluèrent l'escadre du Nord à l'ancre dans la baie de Quiberon et accostèrent au petit port de Sauzon, qui s'ouvre entre les rochers de Belle-Ile et donne accès à une vallée de Tempé en miniature.

Une réception toute fraternelle attendait les voyageurs dans ce paisible coin de terre, gouverné par un ancien élève de Vannes, le R. P. Gallen, vieux missionnaire devenu maire de Sauzon.

Là, dans une grande salle de confiserie, métamorphosée en réfectoire par les religieuses de l'endroit, M. de la Villesboisnet prononça une harangue de circonstance, pleine de bonne humeur, émaillée d'allusions aux promenades maritimes, aux coutumes et à l'esprit traditionnel du collège. C'est donc aussi un document, un mémorial du Cinquantenaire :

Messieurs,

Mes RR. Pères,

Mes chers Amis,

« On pourrait se demander pourquoi le Président de l'Association amicale m'a désigné plutôt qu'un autre pour porter la parole à ce banquet nautique.

» Serait-ce parce que le Président du Comité régional de Paris est le seul président insulaire, le centre de son comité se trouvant dans l'Ile de France.

» Je ne cherche pas à pénétrer le mystère, et m'inclinant devant le désir de mon vieil ami, je m'estime heureux de faire entendre ma faible voix, en ces jours consacrés à célébrer le doux anniversaire de la fondation de notre cher collège.

» Si tout a été préparé de main de maître pour nous recevoir à Sauzon, le mérite en revient à M. le Recteur, à M. le Maire et aux Religieuses.

» Sans le concours des Filles de la Sagesse, jamais nous n'aurions trouvé ici cette hospitalité, que je ne crains pas d'appeler presque monastique.

» Que dire du bienveillant empressement de M. le Recteur à nous accueillir dans sa paroisse !

» Comment remercier le premier magistrat de la commune de son dévouement réellement digne d'un fils de Saint-François-Xavier !

» O vous qui portez si vaillamment l'écharpe municipale sur la soutane du prêtre, comment dois-je vous nommer? Père ou maire.

» Souvent, depuis un demi-siècle, nos navigations des jours de fête ont été marquées par des incidents dont le souvenir inspirait sans doute l'un de nos Pères recteurs, quand au soir de sa fête, il nous souhaitait à tous, pour le lendemain, une... *belle mer.*

» A l'origine, les sinagots, commandés par le vaisseau amiral, le *Xavier*, avaient le triste privilège de s'envaser parfois, procurant à leurs passagers l'occasion de renouveler, jusqu'à la marée suivante, des actes de patience. Mais, par contre, quel bonheur et quel triomphe pour ceux qui, tirant un bord heureux, devançaient leurs concurrents !

» Parmi les plus anciens de nos camarades, qui ne se souvient de la nuit d'orage passée à l'Ile-aux-Moines, et du banquet indéfiniment retardé par une barque ne rentrant qu'à une heure avancée.

» Aujourd'hui la vapeur a remplacé la voile; nos amis les marsouins sont toujours, comme autrefois, de la fête ; mais la marche égale des navires évite aux élèves la tentation d'in-

sulter les anciens, en leur criant, comme au temps du *Vannetais* dépassé par le *Bellilois : Vaincus les vieux.*

» Nos excursions, nos navigations ne sont pas seulement
une diversion utile à l'âpre conquête de la science par le travail, de la vertu par l'austère discipline de la vie. Elles con-
tribuent, en outre, très puissamment au maintien de cet
esprit propre, qui fait des élèves et des anciens de Saint-
François-Xavier une grande famille.

» Elles apprennent enfin à la jeunesse comment on s'amuse
honnêtement ; dans quelle mesure les délassements légitimes
doivent entrer dans une vie bien réglée.

» Ainsi, nos fêtes elles-mêmes concourent à la réalisation
du but poursuivi si heureusement depuis cinquante ans par
notre cher collège : préparer à l'Église et à la France des
hommes de foi, de savoir et de caractère. »

Au retour, eut lieu le banquet du soir, servi selon
l'usage, dans la cour intérieure, ornée, avec un soin filial
par M. Louis de Farcy, de tentures, d'écussons, de ban-
nières qui pendent du haut des murs et qui flottent au
vent, transformée en un vivant parterre où s'alignent en
longues files, au milieu, les élèves, tout autour, les anciens dont l'assemblée réunit « l'élite du clergé, de
l'armée, de la magistrature et de toutes les carrières
civiles ; véritable couronne d'honneur du grand patron
qui préside à cette foule et qui, du haut de son piédestal,
la croix en main, semble à tous montrer la route et crier
à chacun : *En avant, toujours plus haut!* (1). »

A la fin du dîner, parmi les toasts et discours, une voix

(1) Compte rendu de la *Fête du cinquantenaire*, page 75.

s'éleva pour rendre à l'organisateur des fêtes l'hommage bien mérité :

« Admirable organisation de nos fêtes ! s'écria M. de la Noüe, président de l'Association amicale. Occuper, en les variant, chacune de nos journées ; transporter plus de six cents personnes par chemin de fer, par bateaux, par voitures ; faire arriver les piétons en même temps que les autres, et tout cela, sans à-coup, sans retard; ce n'était pas une petite affaire. Que de pas ! que de démarches ! que de combinaisons ! Nous avons retrouvé là le dévouement, la précision nécessaire, rigoureuse, tempérée par l'aimable cordialité de celui qui est la cheville ouvrière de notre Association, notre camarade, Ludovic de la Villesboisnet. »

Cette aimable cordialité, M. de la Villesboisnet la faisait sentir à d'autres qu'à ses anciens condisciples ; il se montrait cordial avec les plus humbles. En voici une preuve qui remonte à la même époque et que nous transmet le président du comité régional de Quimper, M. Borrelly de Kervélégan : « Capitaine adjudant-major à sa place (il était souffrant), je dus régler à l'hôtel du Dauphin le coût de notre déjeuner traditionnel. Quand il s'agit des pourboires, Rossignol, le maître d'hôtel, me demanda s'il me répugnerait de faire comme la Villesboisnet qui les distribuait lui-même, en y ajoutant une bonne parole, à tous les garçons de la maison, jusqu'au plus petit marmiton. — « Ils y tiennent beaucoup, et ce serait une déception, si on négligeait cet usage. »

« Je crois, sans fausse modestie, que les braves gens ont dû trouver ma *bonne parole* bien tiède auprès de celle de notre ami. »

Nous en avons assez dit, pour démontrer, ou pour laisser voir, quel a été l'attachement sincère, efficace, de cet ancien élève de Vannes pour son collège, pour ses maîtres pour l'éducation qu'ils ont donnée pendant cinquante ans dans cette vraie maison de famille. A l'heure où la maladie le frappait, il eut encore la joie d'applaudir, au moins de loin, aux suprêmes efforts que tentèrent devant le Sénat, ses condisciples de Saint-François-Xavier, MM. de Lamarzelle, de Blois, de Chamaillard, Haugoumard des Portes et deux autres de ses amis, sénateurs du Morbihan, MM. Charles Riou et de Goulaine ; qui tous ont bravement lutté pour l'enseignement libre des collèges religieux. L'une de ses dernières tristesses fut d'apprendre que l'iniquité était consommée. Sa dernière angoisse fut de songer que ses bien-aimés maîtres allaient être contraints de fuir, comme des malfaiteurs, les murs bénis où ils avaient sacrifié le meilleur de leur vie à l'éducation des jeunes chrétiens de France.

Presque jusqu'au dernier jour, malgré ses souffrances, il se préoccupa de recruter un nouveau personnel, de grouper des collaborateurs de choix autour du vaillant supérieur qui avait assumé la lourde charge de sauver, une fois encore, le collège et de réaliser la parole tombée, vingt ans auparavant des lèvres et du cœur de M. de la

Villesboisnet : « Saint-François-Xavier vit et vivra toujours. »

Saint-François-Xavier a survécu ; on s'y souvient, on s'y souviendra toujours de ce bienfaiteur, dont le nom s'y mêle à tous les évènements, à toutes les joies, à tous les deuils, à toutes les espérances. Et par où saurions-nous mieux finir ce chapitre, qu'en reproduisant l'émouvant panégyrique prononcé, le 20 novembre 1901, dans la chapelle du collège, par le nouveau supérieur, M. le chanoine Le Roux.

MESSIEURS,

MES CHERS ENFANTS,

« Je croirais manquer au devoir de la plus rigoureuse justice, si je ne payais pas en ce jour le tribut de notre respectueuse sympathie à la mémoire de M. le comte Espivent de la Villesboisnet, dont toute notre région a pleuré la mort prématurée.

» Je n'ai point l'intention de faire un discours, mais simplement de faire entendre un cri de reconnaissance pour les services que nous a rendus le noble et grand chrétien dont le souvenir remplit notre âme.

» Une parole du livre de l'Ecclésiaste résume la vie de M. le comte de la Villesboisnet : Dans sa vie, il a été le plus ferme soutien de cette maison ; et les jours trop courts qu'il passa sur la terre, il les employa à la défense de l'Eglise : *In vita sua suffulsit domum, et in diebus suis corroboravit templum.*

» Il a été le plus ferme soutien de cette maison. Mes enfants, si nous vivons, si le collège Saint-François-Xavier, malgré tous les dangers, a pu continuer depuis vingt ans sa course féconde, si nous venons de doubler avec succès le cap des tempêtes, je le proclame ici hautement et avec une reconnaissance infinie, après Dieu, nous le devons à M. le comte de la Villesboisnet.

» C'est lui qui a réalisé le capital d'un million qui a rendu la société anonyme propriétaire du collège. C'est lui qui a groupé tant de bonnes volontés et les a réunies en un faisceau compact que rien ne pourra rompre.

» Messieurs, je ne puis laisser passer cette occasion de vous remercier et de vous féliciter d'avoir suivi avec tant de générosité cet homme de bien et de lui avoir fourni les moyens de réaliser son œuvre de sauvetage. Je me contenterai de vous dire la parole prononcée par l'un de vous, le jour même de la constitution de la société : « Vous avez fait une bonne action. » Vous avez fait des sacrifices immenses. Mais, en vérité, ce collège en vaut la peine, car il n'y a pas sous le ciel de France un collège où les gémissements de la patrie et de l'Eglise aient éveillé de plus généreux échos et dont les fils aient été plus vaillants et plus généreux.

» Depuis l'heure de la constitution de la société anonyme, Saint-François-Xavier occupa dans l'esprit de M. le comte de la Villesboisnet et dans son cœur la première place. Il en fit son œuvre préférée. C'était pour lui comme une seconde famille : il lui consacrait le meilleur de son cœur, le meilleur de son intelligence et de sa puissante activité. Il souffrait de ses inquiétudes et de ses épreuves, comme il se réjouissait de ses succès et de ses triomphes qu'il avait préparés, pour une grande part, par son habile administration. Jusqu'à la fin de sa laborieuse carrière, il a travaillé à la réorganisation de notre cher collège.

» Pendant les deux derniers mois de sa vie, malgré sa fatigue extrême, il multipliait ses démarches pour nous permettre de rouvrir le collège. Il s'unissait à nous dans les prières audacieuses que nous osions adresser à nos confrères du clergé paroissial et c'est sa grande âme qui, par ses accents pathétiques, a suscité plusieurs des dévouements admirables dont nous avons bénéficié.

» Il serait inutile d'insister plus longtemps sur ce fait de notoriété publique ; il n'y a qu'une voix pour affirmer et c'est, Messieurs, le plus magnifique des éloges, il n'y a qu'une voix pour proclamer que cette maison doit à M. le comte de la Villesboisnet une grande partie de sa prospérité et de ses succès. Nous pourrions l'appeler le second fondateur de cette école et il lui a donné une solidité à toute épreuve.

» Dieu a épargné à son fidèle serviteur le spectacle de ce que nous avons vu. S'il avait vécu, il eût été ici, le 29 septembre dernier, en cette soirée cruelle et déchirante, où nous eûmes la douleur, mes enfants, de voir vos anciens et si excellents maîtres s'éloigner de cette maison devenue froide et triste comme un tombeau. En cette soirée, ma pensée attristée se reporta vers l'ami fidèle des bons et surtout des mauvais jours et je crus entendre sa grande âme me dire la parole qu'il prononça souvent aux jours pénibles et sombres : « Placez cette douleur au pied de la croix et gardez une invincible espérance ! » Nous l'avons entendue au fond de notre cœur, cette parole du grand chrétien que nous pleurons ; et nous nous sommes relevés, comme il le faisait toujours : bien décidés à lutter sur le terrain qui nous reste, et par les moyens que nous traçaient, il y a quelques jours, son grand cœur et sa longue expérience... »

Quelques semaines plus tard, Saint-François-Xavier pleurait un autre de ses fils les plus généreux, les plus dévoués. Le 14 janvier 1902, l'orateur que nous venons d'entendre et qu'on a appelé lui-même à si juste titre « l'ami des bons et des mauvais jours, » unissait devant Dieu dans l'éloge et la prière les noms de ces deux nobles chrétiens, dont la mémoire, comme leurs bienfaits, demeure éternellement inséparable. De cette autre oraison funèbre nous ne détachons ici que deux phrases, la première et la dernière :

« Les épreuves et les deuils se multiplient pour nous. Après la perte irréparable que nous avons faite dans la personne de M. le comte Ludovic de la Villesboisnet, qui fut le plus ferme soutien de cette maison, nous avons eu à pleurer la mort de M. le comte de Virel, vice-président du conseil d'administration et l'un des principaux actionnaires de la société anonyme...

« Messieurs, la mort grandit les hommes de valeur. Il en a été ainsi des deux hommes que j'unis en ce jour dans mes hommages et dans ma prière... (1) »

La mort permet aussi de leur payer le tribut qu'on leur doit ; et c'est une de nos consolations dans notre deuil. Nous ne devons, comme le disait M. de la Villesboisnet, louer que les morts ; mais louer de tels morts c'est un devoir ; garder leur souvenir, c'est une force. L'absence n'est pas l'oubli ; pour celui qui a donné au collège Saint-François-Xavier, une si bonne part de sa vie, l'oubli n'est ni possible, ni à craindre.

L'auteur des *Barzaz-Breiz* a écrit, en son étude sur *La Poésie des cloîtres*, qu'au pays de Bretagne la reconnaissance demeure dans le cœur des hommes, comme le coin d'acier au cœur du chêne. En tous les cœurs des amis de Saint-François-Xavier, demeurera et vivra le nom de M. de la Villesboisnet, et si jamais les voix venaient à se taire, les murs parleront.

(1) Éloge funèbre de M. Alban du Fresne, comte de Virel, par M. le chanoine Le Roux, prononcé dans la chapelle de l'École libre Saint-François-Xavier.

XI

L'HOMME ET LE CHRÉTIEN

On connaîtrait mal M. de la Villesboisnet, ou du moins on ne le connaîtrait pas tout entier, si l'on ne voyait en lui que l'homme d'action. Il agissait; il ne cessa d'agir; il disait et c'était une de ses devises : — « Ne parlons pas, mais agissons. »

D'où lui venait ce besoin d'action; vers quel but tournait-il ses actes; où puisait-il cette énergie; et, dans les heures d'inévitable lassitude, où cherchait-il le ressort pour se remettre à l'œuvre, et le réconfort de son âme?

A l'encontre de tant d'hommes du siècle passé, qui ont agi beaucoup, il n'avait aucune ambition humaine; nul désir de monter plus haut, ou, comme on dit *d'arriver*. Comme un grand nombre d'autres, il aurait pu jouir avec honneur et en paix; sans se donner de peine, sinon celle de se laisser vivre. Un jour, vers 1884, à Treulan, il disait à un jeune homme auquel il enseignait, par ses conseils et son exemple, ce que Bossuet appelle « l'incompréhensible sérieux de la vertu chrétienne : » — « Moi aussi, comme tant d'autres, je pourrais mener une vie douce, passer mes journées à ne rien faire dans mon château, me livrer aux exercices de la chasse, ou me répandre au milieu de la brillante société mondaine; car j'ai assez de fortune pour m'accorder ces plaisirs. Mais l'homme doit toujours travailler; le chrétien possède l'obligation d'employer au service actif de Dieu les biens qu'il en a reçus (1). »

Un de ses amis l'a caractérisé d'une phrase : « Il était l'exemple, la vertu, la science, la piété, le dévouement, sans chercher autre chose que le devoir accompli tout naturellement. »

Oui, tout naturellement; mais non sans effort et sans réaction vigoureuse contre la nature. La nature, au rebours, eût fortement regimbé, s'il ne l'avait pas tenue sous le joug de la foi, sous l'étreinte d'une indomptable volonté. Nous en avons le témoignage le plus autorisé dans un portrait que nous trace de lui le Directeur auquel il confia son âme après la mort du P. Olivaint.

« Ludovic de la Villesboisnet, écrit le R. P. Matignon, a été mon pénitent pendant plus de trente ans. Jamais il ne s'est démenti dans sa régularité, ni dans la fréquentation très assidue des sacrements.

» Caractère ouvert, sympathique, allant à tous sans distinction, causeur aimable qui facilitait l'union et favorisait le règne de la charité. Personne ne réussissait mieux à dissiper les ombrages et à rapprocher les cœurs.

» A le voir si égal à lui-même, si dégagé dans ses

(1) Jean de Réguiny, *Le Ploërmelais*, 30 septembre 1901.

allures, et d'une humeur inaltérable, **on** aurait pu croire que chez lui la vertu coulait de source. Ses luttes au contraire étaient vives, parfois terribles. Il triomphait par une sainte énergie, aidée d'une piété fervente. Il en a été ainsi pendant toute sa vie.

» Intelligence nette et pratique, jurisconsulte distingué, il fut avant tout homme d'action; il usait ses forces et sa vie à la défense des écoles libres. Ses parents s'en apercevaient et essayaient de le modérer. Le zèle de la gloire de Dieu l'emportait; il en a été victime. »

Quoiqu'il fût un modèle de piété filiale, qu'il sacrifiât même son indépendance, au point de n'avoir jamais voulu se séparer de son père et de sa mère, il ne put se résoudre à les satisfaire sur ce point. Au reste, dans ce qu'il faisait pour le prochain, il suivait les leçons de son père qui, au besoin, le secondait ; qui lui avait appris les règles de la comptabilité pour ses œuvres et qui contrôlait lui-même les additions de son fils.

Il lui arriva une fois, probablement en l'absence de son Directeur ordinaire, de s'adresser au P. Millériot, le confesseur attitré du pauvre peuple et des gens qui ne fréquentent guère les églises — le « confesseur des gredins » — comme l'appelait son pénitent Louis Veuillot. Un autre Père qui connaissait M. de la Villesboïsnet, s'avisa d'en faire compliment à son vigoureux confrère.

— Hé bien, Père, voilà un pénitent qui a dû vous changer de vos clients habituels !

Et le P. Millériot de répondre sur ce ton de bonhomie bourrue et joyeuse qui lui était familier :

— Je n'aime pas travailler dans le fin.

De fait, la confession du très édifiant chrétien qu'il venait d'entendre avait un peu changé le bon Père, pour qui les *gros poissons* étaient les meilleurs, et qui disait à une vieille femme en retard de cinquante ans : « Venez ! vous valez un homme. »

« Sa force, écrit de M. de la Villesboisnet un de ses plus anciens maîtres, il la puisait dans la fréquente communion. » Et son ancien pasteur de Leudeville dit la même chose en termes presque identiques : « Il puisait dans de fréquentes et ferventes communions la grâce de pouvoir suffire aux lourdes charges qui pesaient sur ses épaules. »

« M. de la Villesboisnet assistait chaque matin à la sainte messe, après une sérieuse méditation. Il communiait plusieurs fois la semaine et prolongeait souvent son action de grâce au delà du temps ordinaire. Il aimait à dire que c'était le moment favorable pour recevoir les plus abondantes faveurs de Notre-Seigneur.

» Il passait d'habitude toute la matinée à son bureau, occupé du soin de ses affaires ou de sa correspondance, travaillant trois et quatre heures de suite sans désemparer. Mais il ne perdait pas de vue la présence de Dieu...

» Dans la soirée, il reprenait ses occupations, récitait son chapelet, faisait sa visite au Saint-Sacrement et terminait enfin la journée par la prière en commun, qu'il présidait, et récitait lui-même avec toute sa famille et tous les gens du château (1). »

Notre-Seigneur, qu'il avait le bonheur de posséder près de lui au tabernacle, était en vérité, comme M. de la Villesboisnet se plaisait à le nommer, le Maître de céans.

— « J'étais allé le voir à Treulan, écrit M. le chanoine Rossi, de Quimper, et aussitôt après m'avoir reçu au salon, sans me donner le temps de lui exposer le but de ma visite, il me dit d'un ton qui me pénétra, au point que je l'entends encore :

— » Allons voir le Maître.

» Je ne saisis pas tout de suite sa pensée; il s'en aperçut et me dit :

— » Allons à la chapelle; le bon Dieu est là; c'est Lui qui est le Maître ici.

» Nous gravîmes l'escalier; et il resta assez longtemps en adoration, abîmé devant Notre-Seigneur dans l'attitude la plus touchante. »

C'est auprès du Maître qu'il cherchait assistance et conseil; mais sans négliger de les demander également à la Sainte Vierge qu'il saluait chaque jour d'un si grand nombre d'*Ave Maria*. Un jeune professeur de Saint-François-Xavier qui attendait de lui une décision importante, lui demanda s'il y avait réfléchi :

(1) Notes d'un Frère de Ploërmel, son secrétaire.

— Oui, c'est fait, répondit-il, j'ai pris des *bouillons de chapelet*.

C'était là son remède, pour éclaircir un doute et pour hâter la solution d'une difficulté.

Humblement dévot à la Sainte Vierge, il l'était à sainte Anne près de laquelle il avait la joie de vivre une partie de l'année; et combien de fois le rencontrait-on, le samedi soir, ou sur la route de la Basilique, ou dans le célèbre sanctuaire, aux pieds de la patronne de la Bretagne.

Il témoignait aussi grande dévotion et confiance à saint Joseph, qu'il avait constitué protecteur et gardien de son syndicat agricole, et auquel il avait un filial recours dans les plus graves circonstances. Un de ses enfants était tombé malade quelques semaines après sa naissance; c'était au mois de mars. Trois jours avant la fête du saint patriarche, M. de la Villesboisnet déclara formellement à un prêtre de ses amis que, malgré ses douloureuses inquiétudes, il avait bon espoir :

— « Je viens, dit-il, de m'entendre avec le bon saint Joseph. En conséquence, je lui ai promis que, trois fois par jour, pendant les trois jours qui nous séparent de sa fête, nous nous réunirions tous, maîtres et gens, dans la chambre du petit malade; et que là, vous voudriez bien, M. l'Abbé, réciter les litanies de saint Joseph, auxquelles nous répondrions de tout cœur. »

De fait, comme récompense de ces prières et de cette

foi vive, le mieux arriva tout juste le 19 mars, et ne se démentit pas dans la suite (1).

La piété sérieuse ne va point sans mortification; et, pour nous borner à un détail sur ce point, nous empruntons la note suivante à M. le chanoine Rossi : — « J'ai dîné chez lui une fois; il a dîné chez moi plus de vingt fois en se rendant chaque année à Douarnenez pour régler ses affaires. J'ai toujours été frappé de son maintien mortifié à table; il était plus que sobre; il était mortifié; et, en outre, il semblait ne pas perdre de vue la présence de Dieu. Sa conversation était toujours élevé, gaie, utile à ceux qui l'entendaient. Raisonnant sur toutes choses avec la compétence d'un esprit cultivé et réfléchi, il admettait la discussion; mais, avec une ténacité de bon aloi, il gardait son avis et savait l'imposer.

» Ma sœur, mes nièces, mes domestiques, tout le monde l'aimait pour sa bonté simple et distinguée à la fois, et l'entourait de respect. C'était *quelqu'un*, mais un *quelqu'un du bon Dieu.* »

Cet homme du bon Dieu avait appris à l'école de son bien-aimé P. Olivaint, que la croix est le centre de la vie chrétienne, comme elle en est la lumière. La croix attire les âmes fortes qui, aux heures d'épreuves, vont par un instinct surnaturel reprendre haleine à son ombre. M. de la Villesboisnet était profondément pénétré de cette doctrine, qui lui faisait estimer les humiliations au vrai

(1) Notes de M. l'abbé Le Duc.

point de vue et les lui faisait supporter avec quelque chose de plus que la résignation.

« Cette conception si juste et si rare chez un homme du monde, écrit un religieux de ses plus anciens amis, il l'avait avec une grande netteté ; et lorsque, dans toutes ses œuvres, entreprises avec un si complet détachement de lui-même, il rencontrait des obstacles, qu'il avait à lutter contre les petites passions de vanité mesquine ou contre l'inertie et l'égoïsme ; quand certains refus formels ou défauts de concours survenaient, d'une façon pénible ou blessante, que de fois ne l'ai-je pas entendu répéter : « Allons ! au pied de la Croix ! » ou bien : « Encore une, à mettre au pied de la Croix. » Il sentait vivement, souffrait même beaucoup de certains procédés ou manques d'égards ; mais tout finissait bien vite par le beau refrain : *Au pied de la Croix.* »

A cette dernière remarque, combien de preuves il y aurait à joindre. M. de la Villesboisnet avait le cœur plus haut que les petitesses vulgaires, fermé à toutes les rancunes ; mais que touchaient au vif certaines manières d'agir, ou, plus encore, certaines indifférences. Ceux-là le savent qui ont vécu avec lui dans une familiarité plus intime. « Dieu permettait, écrit un des Frères de l'Instruction chrétienne qui l'ont bien connu, que ceux-là même qui auraient dû être les premiers à louer sa bonne volonté et à la seconder, semblaient, par indifférence ou froideur déconcertante, lui refuser leur concours. Jamais pareille conduite n'arrêta ou ne découragea son cœur d'apôtre. Les humiliations, les déceptions de ce genre, il les appelait *son lot;* il les déposait aux pieds de son crucifix, et n'en continuait que de plus belle à se dépenser pour le salut des âmes et la gloire de Dieu. »

Un religieux, son ancien condisciple, lui parlait un jour des ennuis et des obstacles qu'il rencontrait, selon toute vraisemblance, comme tous ceux qui veulent et qui font le bien.

— « Oh! oui, répondit-il; parfois il y a des moments très durs; alors surtout que l'on se sent contrarié par ceux-là qui devraient nous aider et nous encourager. »

. En disant ces derniers mots, ses yeux s'étaient remplis de larmes :

« Mais, ajouta-t-il, en refoulant brusquement son émotion, ne parlons pas de cela! »

C'est qu'aussi bien, il aimait peu parler de lui; sa modestie égalait sa délicatesse de sentiment, comme sa franchise s'alliait à ce tact parfait, qui sait voir la vérité, mais qui sait retenir toute parole ou offensante ou inutile. Voici, à ce sujet, un portrait remarquablement tracé et de main d'ouvrier par un de ses plus fidèles collègues de l'Association amicale du collège Saint-François-Xavier : « Ludovic de la Villesboisnet se livrait difficilement, non par froideur comme il semblait d'abord, mais par une horreur instinctive de parler de soi. Au rebours des autres, même des meilleurs, qui ne peuvent s'empêcher d'entretenir ceux-ci ou ceux-là de ce qui les intéresse et occupe, il ne disait qu'à son corps

défendant et par bribes les merveilleux travaux objet
constant de ses soins. Cette réserve, jointe à une certaine
raideur extérieure, empêchait les gens pressés de le bien
connaître ; et quand j'y suis arrivé — sans trop d'effort
— je ne pouvais plus comprendre qu'un certain nombre
de nos camarades, surtout des jeunes, subissaient une
impression première que j'avais oubliée.

» Il personnifiait pour moi, selon toute la force des
termes, le chrétien dans le monde et l'homme du devoir.
Il était de ceux-là, et ils sont rares, qui ne se sont jamais
démentis, non seulement dans les grandes lignes, mais
dans les plus petits détails de la vie.

» Sa charité n'excluait pas la justice, même pour ses
meilleurs amis; tout en plaidant en leur faveur, il savait
faire la part de ce qui était faute et de ce qui était simplement malchance ou cas fortuit. Jamais d'acrimonie,
jamais de jugement passionné; toujours et partout une
juste mesure, comme dans toutes ses actions.

» Ami sûr, confident discret, Ludovic était encore un
conseiller d'un coup d'œil admirable. En un tour de
main, il avait vu les avantages et les inconvénients de
telle ou telle décision; il les avait jugés et pesés à leur
valeur et son opinion était faite. Il n'en démordait pas,
alors même qu'elle vous déplaisait; mais il n'en imposait
point l'acceptation, et puis, jamais il ne lui serait venu
à la pensée de vous en vouloir, pour ne l'avoir pas
écouté. Encore moins s'accordait-il la satisfaction de
triompher, même discrètement, quand les événements lui

donnaient raison. A Saint-François-Xavier, à Penboc'h, comme à Treulan, il était toujours au devoir, sans affectation, sans pédanterie. Il avait pris à la lettre et il accomplissait sans faiblesse l'obligation au travail du vrai chrétien, et celle, plus difficile quelquefois, d'endurer les choses et de supporter les hommes en silence. »

Confirmons le jugement et complétons le portrait par ces quelques lignes d'un écrivain, collaborateur de M. de la Villesboisnet dans ses œuvres de charité à Paris, M. l'abbé Lesêtre, curé de Saint-Etienne-du-Mont : « Je n'ai jamais rencontré de chrétien plus ferme sur les principes, plus judicieux dans leur application, plus sévère pour lui-même et plus indulgent pour les autres. Souffrant à juste titre des hésitations, des lenteurs, des timidités des gens de bien, plus encore que de la mauvaise volonté des adversaires, il excusait tout le monde avec une parfaite charité et attendait avec patience l'heure de la Providence.

» Il y avait plaisir et profit à causer avec lui des choses du bon Dieu. Sans effort et sans tâtonnement, il se mettait sur-le-champ au point de vue surnaturel, il jugeait toutes choses en homme de grande foi et aussi en Breton désireux de la prospérité de son pays. D'ailleurs totalement abandonné aux soins de la Providence, il envisageait les réalités de l'autre vie, comme s'il les touchait déjà de la main. A la hâte avec laquelle il paraissait parfois vouloir multiplier les œuvres de bien, on aurait cru qu'il était pressé de passer dans un autre monde; et que quelque instinct l'avertissait qu'il avait à faire dans une courte vie les œuvres de longues années : *Explevit tempora multa*. Il ressemblait à Mgr d'Hulst sous ce rapport. A voir ce qu'ils ont fait, on dirait qu'ils ont voulu racheter la brièveté du temps par l'intensité de l'effort.

» Bien que froid au premier abord quand on ne le connaissait pas, M. de la Villesboisnet gagnait très vite les cœurs. Il avait le coup d'œil sûr, la décision nette et prompte. Quel bon général il eût fait ! Les troupes qu'il a commandées sur un autre terrain n'ont pas toujours eu la souplesse désirable; s'il en a souffert, il n'y paraîtra qu'à son mérite devant Dieu. »

Achevons cette galerie de portraits où l'amitié ne défigure point la vérité, par cette autre page de M. le chanoine Le Roux.

« Sous un habit laïque, il portait une âme sacerdotale et religieuse. Il en avait la foi, il en avait le zèle : autant que les meilleurs, il en avait la flamme : c'était un apôtre.

» Cette âme était pénétrée de surnaturel et il y vivait comme dans son élément. Cet homme si énergique et si agissant n'avait confiance que dans la protection divine. Il voyait dans la clarté de l'évidence que si les hommes doivent batailler, c'est Dieu seul qui donne la victoire. C'est pour cela qu'il n'eut jamais la pensée de s'enorgueillir du bien qu'il accomplissait, et cette grande âme croyait n'avoir rien fait tant qu'il restait quelque chose à faire.

» M. Ludovic de la Villesboisnet était un noble et grand caractère. Nous admirions en lui cette fidélité qui n'a jamais hésité, cette loyauté qui ne connaissait pas les compromissions, cette modération qui est la force du droit et de la justice et qui finit toujours par triompher.

» A l'énergie dans le caractère s'ajoutait chez lui la délicatesse des sentiments. Il était ferme, mais toujours charitable dans ses appréciations. Ce militant était ami de la conciliation et de la paix, d'une bonté et d'une charité parfaites. En un mot, nous avons admiré dans ce noble cœur, les sentiments les plus élevés dont une âme humaine soit capable. Ce sont de tels hommes qui sauvent le monde et qui préparent, aux jours mauvais, la résurrection certaine et les jours féconds de l'avenir (1). »

On conçoit qu'un chrétien de cette trempe inspirât mieux et plus que de la sympathie; comme on l'a vu dans une des pages qu'on vient de lire, il gagnait les cœurs; et c'était de part et d'autre pour toujours. Ludovic de la Villesboisnet, écrit un bon juge qui l'appelle son maître, était « le modèle des amis. » Puis après avoir dit son courage qui ne redoutait aucun labeur, sa modestie et sa bienveillance qui lui ouvraient toutes les portes, le même témoin ajoute que M. de la Villesboisnet

(1) Éloge prononcé dans la chapelle de Saint-François-Xavier, le 20 novembre 1901.

en était venu à négliger presque tout délassement pour son propre compte : « Si un ami venait le voir, il choisissait ce moment pour visiter les écoles; il faisait ainsi les honneurs de sa chère Bretagne et la montrait sous un beau jour, mais sans perdre aucun de ses instants si bien employés.

» Il ne marquait aucune ambition. Il eût brillé dans les assemblées électorales; mais si l'on eût pu croire qu'il voulait briguer les suffrages, il aurait eu moins d'autorité pour ses desseins de zèle. S'oubliant lui-même, il ne recherche que la gloire de Dieu par le bien du prochain.

» Grand patriote en même temps que grand chrétien, il travaille efficacement par le développement de la foi à la grandeur de la patrie. Et lorsqu'il faudra négocier un accord, sur des questions qui touchent à la politique, afin d'éviter les dissensions pénibles, il est l'homme indiqué pour conduire les négociations et les mener à bonne fin. Les uns et les autres l'estiment, l'honorent, l'écoutent. »

M. de la Villesboisnet eut en effet, outre sa mission d'organisateur et de défenseur de l'enseignement chrétien, un rôle politique d'une haute portée, sur lequel il y aurait lieu de s'étendre; mais que nous définirons d'un mot : Il fut conciliateur.

« Cet admirateur de toutes nos traditions nationales poursuivait notamment, en vue de conserver intactes toutes les forces conservatrices du Morbihan, le groupement de toutes les initiatives, l'union de tous ceux qui ont à cœur le triomphe de la religion, la conquête de la liberté et la grandeur de la France (1). »

Sa position, sa fortune, son influence, auraient pu lui conquérir les suffrages qu'il ne voulait point solliciter. Sur ce point il déclara un jour ses vues, bien arrêtées, à son ancien condisciple, M. le chanoine Rossi qui raconte ainsi le fait : « Quelques semaines avant la réunion du Comité des Douze (comité conservateur du Morbihan, pour lequel il a beaucoup travaillé) il était de passage à Quimper. Il vint me voir; et comme je l'engageais vivement à se laisser porter comme sénateur, il me résistait doucement; et je croyais avoir vaincu ses répugnances pour la politique, quand il me dit, comme un homme qui est traqué et met enfin sa pensée à nu :

« — Non, mon bon ami, jamais je ne serai sénateur...
» J'ai dû, devant Dieu, me préoccuper de cette question,
» m'attendant bien à subir des assauts. Mais j'ai la con-
» viction que je ferai plus de bien en restant dans le
» Morbihan pour veiller aux écoles et en faire de nou-
» velles. Au Sénat ma voix serait étouffée; ici, on veut
» bien m'écouter. Je sens que le bon Dieu m'appelle à
» mourir à mon poste. Je ne le déserterai pas. La grandé
» œuvre du jour est l'éducation chrétienne des enfants.
» Je leur ai voué ma vie, et j'espère que le bon Dieu
» bénira mes enfants à moi. N'insistez pas, mon bon
» ami; ce serait aller contre la volonté de Dieu. »

(1) Georges Loire, *Le comte de la Villesboisnet*, page 7.

« Ces paroles sont textuelles; elles furent dites lentement et fermement. Il n'y avait pas à insister davantage, et notre conversation prit un autre tour. Il avait fait son devoir; et son humilité se trouvait à l'aise dans un poste secondaire, qu'il considérait à bon droit comme plus fécond et plus utile à son pays. »

Notons en passant que le chrétien désintéressé était le chrétien éclairé, qui sait voir et ne craint pas d'indiquer la seule vraie lumière même en politique. Dans une réunion où l'on étudiait les remèdes et moyens de salut que réclamait notre société agonisante, chacun préconisait sa solution personnelle; mais on oubliait un peu trop le côté surnaturel, c'est-à-dire les droits et l'action de Dieu. Elevant alors la voix et montrant le crucifix aux bras tendus sur la muraille de la salle :

« — Messieurs, dit-il, voilà la solution. Tout est dans le sacrifice de soi-même. »

Notons encore que ce gentilhomme savait, dans l'occasion, aller au peuple autrement qu'avec des phrases et de belles paroles qui ne coûtent rien. Son vénérable père, nous l'avons dit, soignait de ses mains les plaies ou blessures des pauvres gens qui avaient recours à son habileté médicale. Il lui arriva à lui aussi de s'improviser chirurgien et d'imiter le bon Samaritain à sa manière. Durant une de ses courses, il rencontra, étendu sur la route, un jeune paysan, la figure ensanglantée et qui avait au front une large balafre. Y avait-il eu accident ou bataille? Toujours est-il que le blessé était entouré

de plusieurs camarades, qui avaient l'air passablement
embarrassé ou penaud et ne faisaient rien pour lui venir
en aide. M. de la Villesboisnet s'approche, examine et
lave la blessure; puis, comme la peau du front pendait
lamentablement, il la recoud avec une de ces grosses
aiguilles qui servent pour enfiler la laine. Après quoi, il
passe son chemin et laisse là, fort ébaubis, les pauvres
garçons qui avaient assisté à cette opération en plein air.

Au récit de tant d'entreprises, de démarches, de
voyages, de charges absorbantes, on pourrait presque se
demander où et quand M. de la Villesboisnet saisissait
le temps pour s'occuper de lui-même et de ses propres
affaires. De lui-même, c'est-à-dire de sa personne, il ne
s'en inquiétait pas plus que de raison; quant aux affaires
de sa famille et aux devoirs envers ses proches, il n'y
avait pas d'homme plus soigneux, plus complaisant et
empressé, plus affectueux que lui. S'il se livrait avec une
sainte passion aux intérêts de Dieu, il n'oubliait point
que son devoir était d'appartenir d'abord aux siens; il
était aux petits soins pour chacun d'eux; dans ses
œuvres de zèle, il se distinguait par la vigueur et l'énergie; mais il était — nous le savons de la meilleure
source — d'une « incomparable bonté, douceur et tendresse dans la vie de famille, » où il mettait l'entrain
et la joie; car il était aussi gai que charitable; et bien
qu'il n'eût guère l'habitude de rire aux éclats, il provo-
quait autour de lui, dans la causerie, le bon rire qui
dilate les cœurs sans froisser personne.

Il surveillait de près l'éducation de ses enfants, soit au collège, soit chez lui; se rendant compte de leur travail, de leurs progrès; se faisant un plaisir de leur expliquer leurs difficultés; il était vraiment et à tous égards leur premier maître. Nous en avons pour garant le prêtre, ancien élève de Saint-François-Xavier, qui pendant six ans fut le précepteur de deux de ses fils; et qui, de concert avec leur père, pratiquait à leur égard les méthodes et usages du *Ratio studiorum*, alors même qu'ils devaient étudier, en dehors du collège et à la maison. « Tous les samedis, sauf les cas d'impossibilité, raconte M. l'abbé Le Duc, M. de la Villesboisnet montait à la salle d'étude. Devant lui mes petits élèves rendaient compte du travail de toute la semaine, en récapitulant leçons, explications, devoirs, dont les notes lui avaient été fidèlement remises à la fin de la journée. Au bout du mois, c'était la récapitulation des quatre semaines; et après chaque trimestre, les enfants qui avaient suivi le programme de Saint-François-Xavier, y allaient subir l'examen dans leur classe respective. Ils faisaient aussi chaque semaine la composition de ces mêmes classes; et c'était une douce fête pour leur père, d'attacher de sa main la croix ou le ruban sur la poitrine du jeune vainqueur. »

Pour les événements de famille, joies et deuils, il s'y intéressait au vrai et au vif. — « Dans les joies ou les grandes tristesses qui me sont survenues, écrit une de ses proches parentes, j'ai eu presque toujours le bonheur de l'avoir près de moi, ou de le voir accourir; car ses grandes préoccupations ne lui faisaient jamais négliger ses devoirs de famille; et nous étions tous heureux de l'avoir comme aide et comme conseil dans toutes les difficultés de la vie. »

Consolateur et conseiller, c'étaient ses deux chères fonctions auprès de chacun des membres de sa parenté. Avait-on besoin d'une décision prompte et sûre, c'est à lui que l'on soumettait le cas; et la réponse ne se faisait pas attendre. Peu ou point de longues correspondances : les lettres prolixes étaient pour lui comme les conversations oiseuses; du gaspillage de temps. Mais quelques lignes claires, mettant les points sur les *i;* indiquant et provoquant la détermination dans le sens le plus raisonnable et avantageux. Mais il s'arrêtait là; une fois le conseil insinué, il laissait à qui de droit liberté entière d'agir et ne se mêlait point de l'exécution. Sauf pourtant lorsqu'on l'en priait avec insistance et que son intervention était une chance évidente de réussite. — Pour me faire atteindre au but de tous mes désirs et lever devant moi tous les obstacles, raconte un de ses neveux, « il a remué ciel et terre. »

Pour combien d'autres a-t-il remué ciel et terre, Dieu seul en connaît le nombre. A la vocation, à la position, au placement de combien de jeunes gens, a-t-il pris une part active? A combien d'âmes n'a-t-il pas ouvert ou facilité la bonne voie? Nous pourrions citer entre autres le fait de ce jeune paysan breton, attiré par je ne sais quel mirage dans le tourbillon de Paris; et, par une conséquence trop naturelle de ses folies, réduit à la misère noire. Il s'en alla chercher auprès de M. de la Villesboisnet le courage et le salut. Le châtelain de Treulan, le gentilhomme du noble faubourg, prit en pitié le pauvre villageois fourvoyé, mit de l'ordre dans ses affaires, lui dressa un règlement de vie et lui enseigna l'économie qui devait lui rendre une existence honorable avec l'assurance du lendemain. En vérité, quand on songe à tout le bien qu'il a fait, à tous ceux qu'il a secourus au moral ou au temporel, on est tenté de dire que M. de la Villesboisnet vivait pour autrui et, comme nous l'avons remarqué ailleurs, qu'il créait le temps. C'est aussi qu'il n'en perdait pas une minute. Très exact aux devoirs essentiels de société, il fuyait la vie bruyante et inutile de Paris. Et, à ce propos, il disait un jour : « Paris serait entièrement détruit par le feu, que je ne m'en plaindrais pas; ce serait peut-être même un bienfait. »

Il ne recevait et ne lisait aucun journal mondain et frivole. Les feuilles du boulevard ne pouvaient guère captiver l'attention d'un homme, pour qui la question de savoir si les pauvres avaient du feu dans leur mansarde était beaucoup plus palpitante, que le succès d'un roman éclos la veille, ou les débuts d'un acteur.

En Bretagne, il avait une distraction, et, dans les premiers temps, une louable passion, celle de toute sa jeunesse : la chasse. Mais peu à peu, le zèle lui fit oublier les magnifiques prouesses ou les longues chevauchées. En 1900, une parente qui l'avait connu jadis hardi chas-

seur, lui demandait des nouvelles de ses goûts d'autrefois ; il avoua qu'il y avait renoncé ; qu'il était trop pris
par ses œuvres de charité, pour courir, comme naguère
après le gibier. Une fois il avait invité un jeune officier,
son neveu, à une partie de chasse, pour le premier
moment libre ; or, ce premier moment ne se fit pas
attendre moins de dix-sept jours.

L'abandon de ce noble plaisir et de l'utile exercice
qu'il procure, lui coûta. Ce fut, on peut le dire, le sacrifice douloureux et méritoire entre tous; mais il l'accepta
pour le service du prochain et l'amour de Dieu.

L'agriculture et l'architecture comblaient ce qu'il pouvait s'accorder de loisirs. Il visitait ses terres; surveillait
ou dirigeait les travaux dans ses campagnes; il bâtissait
à Treulan pour agrandir et embellir la demeure de ses
enfants. Quand il fut frappé par la maladie, il bâtissait
encore. Et, détail qui montre bien l'homme qui ne livre
et ne laisse rien au hasard, il allait jusqu'à vérifier, éti-
queter même, chacune des pierres qui entraient dans la
construction. Pour donner de l'ouvrage pendant l'hiver
à de pauvres gens sans travail, il fit creuser ce gracieux
ravin, qui donne au château, de l'air et de l'horizon à
travers la verdure.

Mais après un quart de siècle de ce labeur sans relâche, les forces fléchirent. « Dans la génération dont
nous sommes, a dit un écrivain, les corps plient sous les
âmes (1). » Aux derniers jours de mai 1901, M. de la

(1) Mgr Gay, *Correspondance*, t, I, page 398.

Villesboisnet sentit la fatigue, et bientôt la souffrance. Le 23 du même mois, il écrivait à un ami une lettre que nous avons lue avec un singulier intérêt. Il ne dit pas un mot de sa santé ébranlée, comme si ce n'était là qu'un point négligeable; mais il parle de la bonne sainte Anne et de son dévot serviteur Nicolazic; il annonce que tous les membres de sa famille se portent au mieux, et il ajoute :

« Mon fils Pierre va passer le 4 juin sa thèse de Doctorat en droit. »

Le succès du jeune docteur fut pour son père une des dernières joies en ce monde, où il n'avait plus qu'à souffrir. Quelques jours plus tard, il assistait à Vannes aux fêtes annuelles du collège Saint-François-Xavier; fêtes bien assombries par les menaces de l'inique loi votée par la Chambre des Députés, et que les Sénateurs allaient voter en toute hâte, au milieu de la nuit, comme des malfaiteurs honteux et pressés de commettre une mauvaise action.

Le lundi 17 juin, il était présent à la réunion des délégués de l'Association amicale. Avant de donner lecture de ses comptes, en qualité de trésorier général, il supplia une dernière fois ses amis de sauver encore leur cher collège. Et nous ne saurions mieux finir ce chapitre, qu'en recueillant ces paroles d'adieu qui se résument en cette phrase : « L'heure n'est plus à la joie, mais au dévouement. »

« Messieurs,

» L'année dernière, nous célébrions le cinquantenaire de la fondation de notre cher collège, dans des fêtes inoubliables, et cette année nous devons nous préparer de nouveau à la lutte.

» L'heure n'est plus à la joie, mais au dévouement, et Saint-François-Xavier compte, plus encore qu'à l'époque des décrets, sur le cœur de ses enfants, pour l'assister dans la tourmente que la loi sur les associations lui prépare.

» L'interdiction absolue d'enseigner frappant individuellement tous les membres des congrégations non reconnues, privera le collège des religieux vénérés qui, depuis plus d'un demi-siècle, y ont consacré leur vie à former les meilleurs défenseurs de la France et de l'Eglise.

» Tous les sacrifices nécessaires seront faits pour remplacer dignement les nobles expulsés et, grâce aux généreux concours des maîtres distingués qui depuis vingt ans se sont formés à leur école, rien ne sera modifié dans la direction et dans les traditions de Saint-François-Xavier.

» A nous, les *anciens*, un grand devoir incombe; nous devons, par notre exemple, entraîner tous ceux dont les fils sont au collège à les y maintenir; nous devons, en outre, dissiper les préjugés et dire bien haut, ce qui est l'exacte vérité, qu'au point de vue du succès la nouvelle organisation donnera autant de garanties que l'ancienne; au point de vue de l'esprit, rien ne sera changé.

» Si je me suis permis cet appel à votre générosité, c'est que je la connais de longue date. A vos cotisations, dont le nombre va toujours grandissant, vous voudrez bien joindre, je n'en doute pas, le don de votre influence. En 1880, vous avez sauvé le collège par un sacrifice pécuniaire, en 1901 vous le sauverez en lui recrutant de nombreux élèves. »

XII

LES DERNIERS JOURS

Au mois de juillet, les douleurs augmentèrent. M. de la Villesboisnet reprit le chemin de Paris, afin de consulter les médecins. Mais là, un épanchement de synovie se déclara au genou et condamna le malade à une immobilité qui, pour lui, était tout autre chose que le repos. Il se résigna et pria; puis, en toute soumission, il attendit la volonté de Dieu et la décision des docteurs qui hésitaient à se prononcer sur son état.

Avec le supplice de l'inaction, le sacrifice qui pesait le plus au chrétien exact et fervent, c'était la privation de la messe. Il espéra un jour pouvoir se rendre à la chapelle de la rue de Sèvres, et visiter encore le tombeau de son cher P. Olivaint; en même temps qu'il entendrait la messe, célébrée par son condisciple et ami, le R. P. Recteur de Saint-François-Xavier. — « Sa formation chrétienne et virile, écrit le R. P. de Sesmaisons, il se plaisait à la rapporter à la direction si ferme et si éclairée du P. Olivaint. Il m'a déclaré à bien des reprises que « le P. Olivaint avait été son homme, l'homme pro-» videntiel qui lui avait fait comprendre pratiquement

» la nécessité du renoncement pour faire un peu de bien
» et l'y avait énergiquement exercé. » Il lui en gardait,
disait-il, une reconnaissance sans borne. Souvent, depuis
la glorieuse mort de son Directeur, il aimait à l'invoquer
pour obtenir force, lumière et au besoin santé.

» En juillet dernier, il devait se traîner encore, déjà
bien pris, jusqu'au tombeau du P. Olivaint, pour y assister à la messe que je devais célébrer à l'autel des Martyrs,
et que son fils devait m'y servir. La nuit fut si mauvaise,
et l'épanchement de synovie fit de tels progrès que, le
matin, il dut renoncer à ce projet qui lui tenait singu-
lièrement au cœur. Ce ne fut pas sans un vif regret. »

Un peu plus tard, un autre Père de Vannes passait
par Paris et vint au boulevard Saint-Germain prendre
des nouvelles du malade. « Je le trouvai, raconte-t-il,
bien souffrant et très affaibli.

— » Vous allez, me dit-il, retourner à Vannes. Ah!
notre cher collège Saint-François-Xavier!... » Et de
grosses larmes jaillirent de ses yeux. « Quant à moi,
poursuivit-il, je ne sais à quoi m'en tenir. Les médecins
ne sont pas d'accord sur la nature de mon mal. Les uns
parlent d'une opération et ils hésitent. Qu'on la fasse;
et que ce soit fini. On me tient toujours en observation.
Je m'immobilise ici. Depuis bien longtemps, je n'avais
pu mettre les pieds dehors. Je suis sorti ce matin pour
la première fois; *je suis allé à la messe.* »

On ne jugea point à propos de faire l'opération. Le
lendemain de cette entrevue, M. de la Villesboisnet

revenait à Treulan. On avait besoin de lui; et il avait besoin d'être là, sur la brèche. Le temps marchait; les proscripteurs veillaient; leur haine était impatiente; leur loi du 1er juillet n'accordait qu'un délai de trois mois aux victimes. Il fallait assurer l'avenir du collège Saint-François-Xavier et tout le monde se tournait vers le sauveur habituel, avec confiance, bientôt avec anxiété. Quand on apprit l'état de plus en plus grave, puis le danger qui menaçait l'ami, le défenseur de tous les mauvais jours, il n'y eut qu'une voix : « Que Dieu nous le garde ! » Dieu le garda, jusqu'au moment où tout fut prêt pour faire face aux tristes événements. Mais auparavant, quelles vacances étaient réservées au courageux malade, brisé par la souffrance, et à ses anciens maîtres qu'attendait l'exil. Que d'angoisses, de recherches pour grouper en quelques jours un nombreux personnel autour du nouveau directeur. On vint à bout de tout, mais lentement et comme pas à pas. Les forces de M. de la Villesboisnet diminuaient à mesure que l'organisation du collège se faisait plus certaine et complète.

D'autre part, les écoles libres réclamaient toujours sa sollicitude; et de même qu'il n'avait pas pris le temps de vivre, il n'avait en quelque sorte pas même le temps de souffrir. Trois semaines avant sa mort, il venait, par un effort surhumain, assister en un seul jour à trois réunions différentes, où sa présence était nécessaire; réunion à Saint-François-Xavier, au Comité conservateur, au Comité de défense pour les écoles. Il ne refusait rien, dès que l'on témoignait quelque désir de ses conseils ou de ses services. Et pourtant alors même, il se sentait frappé. A l'un de ses vieux amis de Vannes, il disait en guise d'au revoir : « Je vous quitte; Dieu me rappelle. »

Mais il restait debout, obsédé par la constante préoccupation du sort des écoles libres. Sur les dernières inquiétudes de l'apôtre et intrépide protecteur de l'enseignement chrétien, voici les notes émues de son vénéré maître et ami depuis cinquante ans, le R. P. de Beuvron :

« Quinze jours environ avant la mort de notre cher Ludovic, j'allai le voir à Treulan. Son mal avait fait de grands progrès; mais il allait et venait, travaillant toujours et se préoccupant de ses œuvres qui étaient sa vie. Comme je lui recommandais de s'en distraire un peu, il m'avoua que cela lui était quasi impossible. Et dans l'intimité de la causerie, il me dit : Comment faire, quand une question importante me poursuit? et il y en a presque toujours quelqu'une, quand il n'y en a pas plusieurs à la fois. Je ne puis pas m'y soustraire, surtout quand elle est urgente. Alors je me mets à l'œuvre; je rédige la solution de mon mieux. La nuit arrive. C'est le temps du repos; mais l'affaire m'empêche de dormir; ou, si je m'endors, elle me réveille et le cerveau travaille. Le jour venu, je refais ce que j'avais fait la veille, afin que l'expression formule exactement l'idée, surtout si c'est un cas juridique.

« Ainsi le repos ne venait jamais. On ne tient pas à ce régime. Et avec quel esprit de foi il acceptait cet incessant labeur. Sans doute, cette foi surexcitait son zèle; mais ce zèle, si méritoire, si généreux usait sa vie. Dieu nous l'a enlevé au moment où il nous eût été si utile. Adorons les desseins de Dieu. »

Cinq ou six jours plus tard, le courageux malade marchait ou se traînait encore; il reçut la visite du secrétaire de l'Association amicale, M. le chanoine Chauffier, en compagnie duquel il voulut aller voir des pauvres gens qui travaillaient dans un de ses champs à détruire les mauvaises herbes. Il prit intérêt à leur travail avec sa bonne grâce accoutumée; c'était son adieu à ses terres et aux paysans de sa très aimée Bretagne. Au courant de cette pénible promenade, il fit part à son camarade et collaborateur de ses craintes pour l'avenir. Son inquiétude allait jusqu'à l'angoisse, en songeant à la progression lente, sournoise, mais obstinée de la persécution religieuse; à l'acharnement de la haine chez les sectaires au pouvoir. Que serait le lendemain? Dieu seul le sait; mais tout est à redouter.

Ainsi, au soir de la vie, l'ardent ouvrier de la cause de Dieu paraissait souffrir plus vivement du triomphe possible et prévu de nos ennemis que de ses douleurs personnelles. Et, en dépit de son écrasante fatigue, il luttait encore; sa correspondance pour ses écoles libres ne chômait pas ; les lettres pleuvaient sur son bureau et les réponses partaient dans toutes les directions. Il l'avait dit : Je mourrai à mon poste. C'est bien là que l'appel de Dieu allait le trouver.

Pendant les huit ou dix derniers jours, il ne fit plus que prier. Toujours semblable à lui-même, soumis et calme à la veille de l'éternité, il ne cessait — comme dans les circonstances les plus solennelles de son existence, d'égrener son chapelet et de murmurer des *Ave Maria* durant ces heures d'attente que la douleur rendait si longues, que la résignation faisait si précieuses. Essayait-on de lui inspirer l'espoir de la guérison, il répondait simplement et doucement :

— « Comme le bon Dieu voudra. »

On priait avec lui et pour lui; on voulait espérer en comptant sur les chances de l'opération retardée, mais peut-être possible encore.

Quant à lui, pleinement maître de sa volonté, comme de ses impressions, il tâchait même alors d'épargner une émotion trop vive à Mme de la Villesboisnet qui l'entourait de toute sa tendresse, de ses attentions de tous les instants; et il se raidissait contre les assauts de la souffrance, pour lui cacher le danger.

Mais il sentait décliner ses forces. Deux jours avant la fin, il demanda l'extrême-onction; et après l'avoir reçue, ainsi que la communion, dans les sentiments de foi et de complet abandon qui lui étaient familiers, il dit à tous les siens réunis : — « Quelle bonne journée j'ai passée aujourd'hui : Notre-Seigneur est venu me visiter; et j'ai tous mes amis autour de moi. » La veille de sa mort, Notre-Seigneur vint visiter une dernière fois son bon serviteur, qui avait toujours cherché la lumière au tabernacle et puisé le courage dans la communion.

Le matin du jour où Dieu allait l'appeler à lui, son confesseur vint le voir; et avant de dire la sainte messe, à son intention, dans la chapelle de Treulan, il lui suggéra plusieurs invocations, dont la dernière fut, en latin : « Sainte Anne, priez pour moi. » Il les répéta très distinctement. Et après la messe, Mme de la Villesboisnet ayant présenté au cher malade le crucifix qui n'avait pas quitté sa poitrine pendant la campagne de 1870 et qu'il gardait constamment près de lui, il le baisa avec toute l'ardeur de sa foi.

Deux heures avant de rendre le dernier soupir, comme Mme de la Villesboisnet lui exprimait sa compassion et lui disait qu'elle souffrait avec lui, il ouvrit les yeux et rassemblant toute son énergie pour calmer les craintes, pour adoucir le chagrin de sa pieuse et vaillante compagne et ne la point laisser en face du découragement, il répondit :

— « Je ne suis pas encore désespéré. »

Ce furent les dernières paroles du soldat de Dieu, dont aucune épreuve n'avait dompté la vigueur à défendre les droits de son Maître. Un peu plus tard, il prononça quelques mots qu'on eut peine à entendre. On comprit seulement qu'il demandait qu'on priât pour lui.

Alors les assistants commencèrent les prières des agonisants, pendant lesquelles il s'éteignit, dans une paix si grande, qu'on ne put saisir aucune secousse, ni même aucune apparence de douleur. L'expression du visage était d'une beauté calme et reposée, image de celle de l'âme, qui frappa les témoins. Immédiatement après le dernier soupir, que Mme de la Villesboisnet recueillit à genoux, cette expression devint si douce, qu'il semblait lui sourire.

C'était le vendredi matin, 13 septembre.

L'Eglise, quelques heures après, allait chanter le triomphe et l'Exaltation de la Croix. Ainsi s'endormait, dans le baiser du Seigneur crucifié, celui qui avait pris l'héroïque habitude de dire, quand quelque peine broyait son âme :

— « Mettons cela au pied de la Croix ! »

Il venait d'y mettre le sacrifice de sa vie.

Le corps fut déposé dans la chapelle du château où tant de fois le pieux défunt avait prié au pied de l'autel de son Maître, avait servi la messe et reçu le *Corpus Christi*. A partir de ce moment une véritable procession ne cessa d'affluer dans le petit sanctuaire. Avec les membres de la famille, des prêtres, des Frères, des Sœurs, représentant les écoles libres, y coudoyaient les bons paysans des alentours qui venaient dire adieu au bienfaiteur de leurs âmes et de leur pays.

Aussitôt que la triste nouvelle fut connue au loin, les témoignages de regrets et d'éloges éclatèrent; ce fut un concert unanime. Parents, amis, prêtres, hommes politiques ou hommes d'œuvres mêlaient leurs jugements qui, de toutes parts, rendaient bien le même son. Il nous a été donné de parcourir un grand nombre des lettres de condoléance qui arrivaient à Treulan de Paris et de la province, des châteaux ou d'un modeste presbytère de campagne.

Trois pensées y dominent, qu'on peut traduire en trois mots : on l'admirait, on le vénérait, on l'aimait. Ou encore : M. de la Villesboisnet fut un homme, comme il en faudrait partout dans notre pays; combien il va nous manquer! mais il est au ciel. On ne tarit point à louer son zèle, son abnégation, sa modestie, sa fidélité, son affection : quel noble cœur.

Un prêtre écrit : M. de la Villesboisnet est pour ses fils « un exemple, une gloire, un intercesseur. »

Un autre dit : « Une vie et une mort comme celles de M. de la Villesboisnet sont une preuve évidente de l'immortalité. Elles nous montrent le ciel et nous y entraînent. »

Détachons encore ces quelques phrases de la lettre d'un ami auquel nous devons un bon nombre des pages de notre récit : « Quel a dû être son réveil dans l'éternité !

» Son souvenir nous demeure comme une force et une lumière ; suivant l'énergique expression de l'Écriture, bien que disparu, il parle encore.

» Pour ma part, j'estime comme un des grands bonheurs et des grands honneurs de ma vie, l'amitié de cet admirable chrétien, de cet ami excellent ; comme une des grandes tristesses de mon existence, la pensée que je ne le verrai plus jusqu'à la fin de mon pèlerinage ici-bas ; que je serai désormais privé du réconfort de cette affection si attachante, de ces conseils si sûrs. La douceur du souvenir du passé, la force de l'espérance en l'éternel avenir peuvent seules adoucir l'amertume de la séparation.

» Quel héritage d'honneur, de grandeur chrétienne, il laisse à sa famille ! Il en avait reçu un bien beau de ses vénérables parents ; il le transmet magnifiquement accru à sa digne compagne et à ses enfants. »

Le mardi matin, 17 septembre, à dix heures et demie, malgré une température épouvantable, sous le vent et la pluie, une foule qui réunissait toutes les classes, toutes les conditions, se pressait dans l'église de Pluneret, pour rendre les derniers devoirs à M. le comte Ludovic de la Villesboisnet.

Le clergé ayant à sa tête Mgr Latieule, évêque de Vannes, était représenté par plus de 150 prêtres accourus de tous les points du diocèse.

Les cordons du poêle étaient tenus par M. le comte de Pluvié, le R. P. de Sesmaisons, M. le comte de Saint-George, M. l'abbé Plédran, économe du Grand Séminaire. M. le comte de Goulaine, sénateur; MM. de l'Estourbeillon et Forest, députés du Morbihan, le comte de Montaigu, député de la Loire-Inférieure, figuraient dans l'assistance; avec MM. Albert Caradec, de Kervenoaël, le comte de Lambilly, Buguel, le baron de Sivry, con-

seillers généraux ; le comte de Salins, conseiller d'arron-
dissement de Vannes ; le marquis de Salins, le baron de
Charette, Lalau-Keraly, le Mestre, Le Doré, maire d'Auray, le comte de Polignac, le comte de Beaumont, le marquis d'Anglade, etc. — Il faudrait, dirons-nous avec le
rédacteur en chef du *Morbihannais*, des colonnes en-
tières pour être complet ; et force nous est de nous borner à quelques noms.

Avant l'absoute, Mgr l'Evêque de Vannes voulut,
devant cette nombreuse assistance, épancher sa douleur,
traduire les regrets de tout son clergé et glorifier la mémoire de l'apôtre des écoles chrétiennes.

Messieurs,

Mes très chers Frères,

Ne sentez-vous pas, à l'unisson des vôtres, battre tous les
cœurs des catholiques morbihannais autour de cette dépouille
mortelle qui, dans quelques instants, va disparaître à vos yeux
jusqu'au jour de l'éternelle résurrection ? Ne vous semble-t-il
pas entendre des milliers d'enfants et d'innombrables familles,
murmurant avec reconnaissance le nom de M. le comte
Ludovic Espivent de la Villesboisnet ?

Qui, plus que ce grand chrétien, aimé de Dieu et des
hommes, assura parmi nous l'éducation religieuse ? Qui contribua plus efficacement à la multiplication des écoles libres,
vrai joyau de nos paroisses, garantissant la conservation de la
foi dans tout le pays breton ?

Aimé de Dieu ! Oui, certes, il le fut parce que lui-même
l'aima de tout son cœur et mit constamment eu lui toute sa

confiance. Chrétien sans peur et sans reproche, il marcha vaillamment sur les traces de ses ancêtres; son âme était de celles qui s'humilient devant Dieu et ne se courbent devant aucune tyrannie. Son admirable piété filiale ne cessa de briller tant qu'il conserva les nobles auteurs de ses jours, et lorsqu'il eut la douleur de leur fermer les yeux, prenant en main la direction du château de Treulan, foyer de tant de vertus, il fut un chef de famille pouvant servir à tous d'exemple et de modèle.

Rigide observateur des lois de Dieu et de l'Église, sans que le respect humain pût jamais rien sur son âme droite et fière, il s'agenouillait souvent à la table sainte et faisait ses délices d'entendre journellement la sainte messe et de visiter le Dieu de l'Eucharistie, qu'il avait la joie de posséder dans sa demeure. On cherche des chrétiens sans défaillance; on ne les trouvera pas en dehors de ceux qui ont un commerce habituel avec le Dieu du tabernacle.

Alimenté à cette source divine, son zèle ne tarissait jamais : on le trouvait toujours debout et prêt quand il s'agissait des œuvres catholiques. C'est pourquoi sa mémoire restera en bénédiction parmi les hommes.

Tout le monde, à Vannes, connaît son dévouement absolu pour le collège Saint-François-Xavier, dont il est devenu, après les décrets, le co-propriétaire. Jusque sur son lit de souffrance, et déjà presque à l'agonie, il donnait ses ordres et ses conseils pour en assurer le fonctionnement et la prospérité. Le départ si regretté des RR. PP. Jésuites était pour lui une profonde tristesse; mais il n'était pas découragé, sachant que le collège recevrait de son nouveau supérieur une sûre direction, secondée par des dévouements à toute épreuve.

Mais rien ne remplit davantage la vie de M. le comte de la Villesboisnet comme le souci de fonder, de maintenir, de développer les écoles libres dans toutes nos paroisses. L'œuvre des écoles catholiques devint avant tout son œuvre. Il s'y adonna corps et âme, et il était comme le centre de ce magnifique mouvement chrétien qui étonne et fait reculer les ennemis de l'enseignement religieux. Pour elles il vécut, pour elles peut-être il est mort.

Dans les fréquentes visites qu'il voulait bien me faire, j'ai connu à fond l'âme de ce grand chrétien, de cet ami pour qui j'avais une vénération profonde. Avec quelle ardeur il me parlait de nos chères écoles ! Courageusement il s'était mis en face d'une loi insidieuse qu'il avait étudiée à fond ; et, armé des libertés qu'elle nous laissait, il allait à la Préfecture comme à l'Académie, toujours écouté, car ses revendications étaient toujours légitimes, et après l'avoir entendu, on disait : c'est un homme de science et un homme de devoir. Aussi obtenait-il tout ce qu'il était possible de lui accorder. Vous savez le bien immense qu'il a fait : il restera l'apôtre de l'enseignement religieux dans nos écoles.

Celui qui sauve une âme, acquiert de grands mérites pour le ciel. Lui, c'est par centaines, c'est par milliers qu'il a contribué à sauver des âmes, qui resteront fermes, grâce à son zèle et à son dévouement. Il est mort pour elles. Une heure vint où il sentit ses forces diminuer ; mais en même temps, il sentait son courage grandir. Il allait, il venait, il se multipliait, donnant des conseils, essuyant parfois des refus, et toujours humble, se résignant, malgré ses désirs, quand il pouvait les croire moins utiles ou prématurés.

Nous nous inclinerons toujours avec respect et reconnaissance devant sa chère mémoire, et nous unirons dans cet hommage sa noble veuve qui, malgré des inquiétudes trop justifiées, se fit l'auxiliaire généreuse de ses œuvres, et ses fils qui les continueront. Chers enfants, demandez à ce vaillant chrétien de faire monter à vos cœurs un battement de son cœur d'apôtre. Quand le chef tombe, les enfants doivent se lever. Vous imiterez son zèle et vous pratiquerez ses vertus. A cette pensée, notre espérance se ravive, car nous sommes sûrs que son nom sera noblement porté : en voyant les fils à l'œuvre, nous retrouverons le père.

Je termine par une prière fervente l'hommage trop incomplet que je me suis fait un devoir de rendre, en ce jour de tristesse, à M. le comte Ludovic de la Villesboisnet. Demandons pour lui à Dieu, qui déjà sans doute l'a reçu dans sa miséricorde, la gloire éternelle et l'éternel repos; et tous, villageois qu'il a aimés, hommes du monde dont il a été le modèle, prêtres qu'il a édifiés, prenons généreusement la résolution de marcher sur les traces de cet admirable chrétien. Ainsi soit-il.

Après cette oraison funèbre qui interprétait avec autant d'autorité que d'éloquence les regrets de tous et leurs éternelles espérances, Mgr Latieule donna l'absoute; puis le cortège imposant et recueilli se dirigea vers le cimetière. Les dernières prières achevées, M. le marquis de l'Estourbeillon, député, prononça, au bord de la nouvelle tombe creusée dans la sépulture familiale, ce touchant au revoir :

MESSIEURS,

Il appartenait au doyen de nos assemblées parlementaires dans le Morbihan, à M. le comte Lanjuinais, de prendre la parole sur cette tombe entr'ouverte et de rendre un juste hommage à M. le comte Ludovic de la Villesboisnet, à l'ami dévoué, au chrétien sans reproche, au vaillant Français que nous pleurons. Retenu à l'autre bout de la France par un deuil cruel qui vient de le frapper lui aussi, j'ai le pénible devoir de venir le remplacer aujourd'hui.

Il ne saurait entrer dans ma pensée de retracer ici l'existence toute de dévouement et de luttes de ce soldat de la foi; mais il n'est que justice qu'un des représentants du pays, qu'un des mandataires de notre Morbihan, si soucieux de conserver ses croyances et ses libertés, rappelle une dernière fois, à tous ceux de nos compatriotes qui l'ont connu, apprécié et aimé, combien son œuvre fut grande, son zèle immense et son action aussi efficace que de tous les instants.

Il n'est pas un de ceux appelés à l'honneur de représenter ce pays qui ne se soit trouvé heureux en maintes circonstances d'avoir recours à ce conseiller sûr, à cet homme éminent, dont la grande âme et l'esprit sagace, savaient connaître des situations les plus difficiles ou apporter aux hésitants une ardeur nouvelle, tout en les laissant comme imprégnés de ce souffle de charité évangélique qui toute sa vie ne cessa de l'animer.

Le comte Ludovic Espivent de la Villesboisnet fut un apôtre dans toute l'acception du mot et il suffit de jeter les yeux sur n'importe quel point de notre territoire pour en demeurer convaincu.

Partout, ces écoles innombrables qu'il sut fonder, malgré parfois les difficultés les plus grandes, aussi bien que les œuvres de toutes sortes dont il fut l'inspirateur, attestent son apostolat et son action quotidienne pour le bien.

Il n'est plus, hélas! ce vaillant entre les vaillants, ce modeste entre les modestes, ce bon serviteur de Dieu, qui, nous n'en pouvons douter, jouit déjà près du Très-Haut de la récompense due à toute une vie de si chrétiens labeurs.

Mais quelque profonde que puisse être notre douleur en le voyant nous quitter ainsi dans toute la force de l'âge et la maturité de son esprit, n'est-elle pas accentuée encore par le vide immense qu'il laisse aujourd'hui parmi nous?

En priant pour ce concitoyen éminent, dont le souvenir restera à jamais gravé dans nos cœurs, supplions aussi l'Esprit

Saint de nous accorder quelque peu de son zèle éclairé, de son ardeur sans bornes et de susciter parmi nous, si possible, un caractère digne de le remplacer.

Son œuvre ainsi ne périra pas; il revivra en elle, et sa famille éplorée, dont le pays tout entier partage la grande douleur, y retrouvera peut-être quelques adoucissements à son affliction.

Enfin, M. le docteur Motel salue de ce dernier adieu l'éminent et très regretté président de la Conférence de Sainte-Anne :

MESSIEURS,

Je considère comme un devoir de venir au nom de la Conférence de Saint-Vincent-de-Paul du village de Sainte-Anne, dire un mot d'adieu à notre cher Président. Ce n'est que depuis peu de temps que j'ai l'honneur de connaître M. le comte de la Villesboisnet : mais il n'est pas besoin de longues années pour apprécier de telles natures. Il fut parmi nous ce qu'il fut partout et toujours dans toutes ses œuvres et dans toutes les circonstances de sa vie, un grand chrétien, un chrétien à la foi vive et agissante, qui ne se préoccupait pas seulement de son salut personnel, mais qui s'inquiétait aussi du salut de ses frères. Cet amour surnaturel du prochain, cette véritable charité chrétienne se manifestait d'une façon frappante dans notre petite Conférence.

D'une exactitude exemplaire à assister à chaque réunion, tant que durait son séjour à Treulan, plein d'aménité pour chacun de nous, il ne manquait jamais de nous adresser quelques paroles d'édification et de nous rappeler le but principal de la Société de Saint-Vincent-de-Paul : la sanctification de ses membres.

N'est-ce pas également la même fin qu'il s'est proposée en fondant la Société de Saint-Joseph : la conservation de la foi et des pratiques religieuses dans la paroisse de Pluneret.

Ces deux œuvres que je viens de désigner étaient sans doute les plus humbles parmi celles qu'il dirigeait ; il ne m'appartient pas de parler des autres si importantes, si capitales, dans les tristes circonstances que nous traversons, mais ce que je puis dire, c'est qu'à toutes il vouait le même zèle, à toutes il donnait sans compter son temps, toutes ses forces ; il leur a donné plus : il leur a donné sa vie.

Ici, Messieurs, ma voix prend quelque autorité. Eh bien ! je ne crains pas d'affirmer que c'est le surmenage cérébral auquel s'était condamné M. le comte de la Villesboisnet qui a ouvert prématurément cette tombe.

Il ne savait pas, il ne voulait pas se ménager, alors même que c'était devenu pour lui une nécessité impérieuse. En voici la preuve. Il y a quinze jours seulement, relevant à peine d'une crise violente, ne pouvant encore s'alimenter que d'une façon très insuffisante, il a eu le courage de faire le voyage de Vannes pour assister à une longue et fatigante séance. Il s'était bien gardé de m'entretenir de ce projet, se doutant que je m'y serais opposé de toutes mes forces. Hélas ! la conséquence de ce voyage ne s'est pas fait attendre : le surlendemain il était de nouveau terrassé, et cette fois c'était pour ne plus se relever.

Que dirais-je ici de cette admirable patience que les plus cruelles et les plus incessantes souffrances n'ont pu altérer ? De cette soumission absolue à la volonté divine qui s'exprimait par ces mots : « Comme le bon Dieu voudra. »

Ah ! certes, cher Président, ce n'est pas les mains vides, mais pleines de bonnes œuvres, pleines de mérites, que vous vous êtes présenté devant le Souverain Maître, qui a dû vous accueillir comme un bon et fidèle serviteur.

Au moment où votre âme venait de s'envoler au ciel, j'ai entendu une voix qui vous était chère prononcer cette parole : « On peut dire qu'il a consacré toute sa vie au bon Dieu. » Quelle belle oraison funèbre, et combien une telle pensée doit apporter l'adoucissement à la douleur des vôtres si cruellement éprouvés !

On lit aujourd'hui sur la tombe :

Ici repose dans la paix du Seigneur

LUDOVIC COMTE ESPIVENT

DE LA VILLESBOISNET

né à Paris, le 14 avril 1843,

décédé en son château de Treulan,

le 13 septembre 1901.

PRIEZ POUR LUI !

« *Il restera l'apôtre de l'enseignement religieux dans nos écoles.* »

(Discours de Mgr Latieule, évêque de Vannes, le 17 septembre 1901).

Là, dans ce modeste cimetière de la campagne bretonne, non loin de sainte Anne qu'il aimait comme un fils, en ce coin de terre si riche des nobles souvenirs du passé, le gentilhomme chrétien dont nous avons, à grands traits, esquissé la vie si féconde, repose à l'ombre de la croix de granit qui étend ses deux bras sur la tombe de la famille Espivent de la Villesboisnet; il dort son dernier sommeil à quelques pas d'un autre apôtre et sauveur de la jeunesse, d'un prêtre gentilhomme modèle de toutes les vertus, ami de tous ceux qui aiment Dieu, noblesse et peuple, riches et pauvres, le doux prélat si cher à Pie IX, Mgr de Ségur.

Et il nous semble que l'on pourrait graver dans le granit, sur la tombe de Ludovic Espivent comte de la Villesboisnet, cette phrase d'un vénérable prêtre son ami qui l'avait connu tout enfant, et qui écrivait, en apprenant sa mort prématurée, consolante et bénie :

« Le clergé et les grandes familles du pays auront,
» auprès de Dieu, après leurs patronnes si puissantes,
» sainte Anne et sa Fille, après leurs saints si nombreux,
» un intercesseur de plus. »

TABLE DES MATIÈRES

IMPRIMERIE OBERTHUR, RENNES (396-02)

DU MÊME AUTEUR

(*Librairie* V. Retaux, *rue Bonaparte, 82, Paris*)

Récits et Légendes, 1re et 2e séries. Deux volumes in-18 jésus, 11e édition.

A travers les ages, récits et légendes, 3e série, 1 vol., 4e édit.

Du merveilleux dans la littérature française sous le règne de louis XIV, thèse de doctorat, 1 vol. grand in-8°.

De Historia Galliæ, publicata, privata, litteraria, regnante Ludovico XIV, latinis versibus a Jesuitis Gallis scripta.

L'Art poétique de Boileau, commenté par Boileau et par ses contemporains, 3 vol. in-8°, 2e mille.

L'Apothéose de Renan, in-18 jésus.

La Société de Marie-Réparatrice, 1 vol., 2e édition.

Les Classiques païens et chrétiens, 1 vol.

Études et Causeries littéraires, 2 vol. in-8°, 3e mille.

Carmen seculare, traduction en vers.

De la Rime française, 1 vol.

Œuvres choisies du P. Fougeray, 1 vol. (Épuisé).

Le Roi-Martyr, 1 vol.

Un patron chrétien et apôtre, 1 vol.

Les petits Ramoneurs, broch. in-18.

Le Monastère des Oiseaux, 1 vol. in-8'.

THÉATRE

Loc'h Maria, drame en trois actes, en vers, 4e édition.

Une page d'histoire de France, un acte, en vers, 5e édition.

Le Baptistère de la France, un acte, en vers, 2e édition.

Louis de Gonzague, un acte, en vers, 2e édition.

La Revanche de Jeanne d'Arc, drame en quatre actes, en vers, 5e édition.

Louis XVII, trois tableaux, en vers, 2e édition (9e mille).

Les trente Sous de Vincent de Paul, 2e édition.

Saint-Louis, drame en cinq actes, en vers.

Tolbiac, drame en quatre actes, en vers, 2e édition (5e mille).

Drames et Mystères. (*Fais ce que dois. — Saint-Nicolas. — Louis de Gonzague. — Pierre Olivaint.*)

L'Aurore de Paques, mystère en deux tableaux, en vers.

Pour l'honneur, drame en quatre tableaux, en vers.

Drames français. (*Baptistère. — Revanche. — Trente sous. — Loc'h Maria. — Page d'histoire.*)

Genovefa, mystère de Sainte-Geneviève, en vers.

Patria, drame biblique, trois actes, en vers.